Annette Sidler

Schule im Wandel

Konzepte, Ideen und Visionen
Gespräche mit Expertinnen und Experten

BOOKS on DEMAND

Annette Sidler

Schule im Wandel

Konzepte, Ideen und Visionen
Gespräche mit Expertinnen und Experten

Bibliografische Information der Deutschen Nationalbibliothek:
Die Deutsche Nationalbibliothek verzeichnet diese Publikation in der Deutschen
Nationalbibliografie; detaillierte bibliografische Daten sind im Internet über
http://dnb.dnb.de abrufbar.

Gestaltung Cover: Mia Jacob
Bildnachweis: pixabay.com
Webseite zum Buch: http://schuleimwandel.com

Herstellung und Verlag: BoD – Books on Demand, Norderstedt

ISBN: 978-3-**7448-7400-7**

Inhaltsverzeichnis

Wie dieses Buch entstanden ist 8

Ueli Eichholzer & Pascal Furrer - IG Glücksschule 10
Wahlfreiheit für Bildungsangebote an der Volksschule

Irene Fischli 24
Das Lernhaus-Konzept als Grundlage für ganzheitliches Lernen

Silke Gramer-Rottler 38
Evolutionspädagogik

Urs Guldener 48
Inklusives Schulentwicklungskonzept

Uta Henrich 64
Lernen ist wundersam

Daniel Hess 76
Glücksschule

Ruth Meinhart 94
Denk- und Lernstile

Michael Miedaner 112
Bindung ist essentiell

Daniel Mülli 126
Die Natur als Lernort

Monika Peter 134
Neue Autorität nach Haim Omer

Thomas Richter 142
Gewaltprävention an Schulen

Christoph Schmitt 154
Bildung 4.0, ein zukunftsweisende Bildungskonzept

Karin Streuli 166
Wechselwirkungen zwischen Lehrpersonen und Schülern

Hansueli Weber 180
Klassenrat als ganzheitliches Führungsinstrument

Danksagung 196

Wie dieses Buch entstanden ist

Haben Sie schon einmal von Onlinekongressen gehört? Onlinekongresse sind eine im deutschen Sprachraum mittlerweile nicht mehr wegzudenkende Möglichkeit, sich in Form von Video-Interviews mit Expertinnen und Experten über ein bestimmtes Thema zu informieren.

Dieses Format hat mich fasziniert und ich überlegte mir, ob ich zu meinem Thema „Schule im Wandel", welches mich schon seit Jahren beschäftigt, einen Onlinekongress ins Leben rufen sollte. Unmöglich, dachte ich mir anfänglich. Monate später hatte ich immer noch dieselbe Idee im Kopf und begann zu recherchieren, wie ich einen Onlinekongress im Alleingang auf die Beine stellen könnte. Mehr als ein halbes Jahr habe ich intensiv damit verbracht, mir technisches Wissen anzueignen, die für mich besten Tools auszuwählen, eine Webseite zu gestalten (schuleimwandel.com), Interviewpartner anzuschreiben, Vorgespräche zu führen, die Interviews aufzunehmen und nachzubearbeiten. Ein riesiger Aufwand mit extrem hohen Lernfaktor. Zum Beispiel bin ich so vom Niveau der digitalen Immigrantin zur Stufe der digitalen Praktikerin aufgestiegen.

Warum habe ich mir all diese Mühe gemacht? Ich bin ein Forschergeist und habe dank Anstellungen an verschiedenen Schulen auf allen Schulstufen einen guten Überblick. Meine persönliche Wahrnehmung von Schule ist, dass immer mehr standardisiert wird und dadurch viele Kinder ihr wahres Potential nicht entfalten können. Ich möchte dies hier nicht länger ausführen, aber ergänzend erwähnen, dass ich sehr viele Fachbücher (Gerald Hüther, Remo Largo, John Taylor Gatto, Wolfgang Bergmann, Jesper Juul, Margret Rasfeld, Vera F. Birkenbihl und v.m.) gelesen habe, die eine andere Sicht auf Schule und Bildung werfen, als es die offiziellen Lehrer-

8

fortbildungsinstitute tun. Lösungsansätze wären da, aber sie finden leider noch zu wenig Anklang in den (öffentlichen) Schulen.

All dies gab und gibt mir zu denken! Ich merkte, dass das Lesen von Büchern mir zu einseitig war und wollte darum mit Leuten sprechen, die sich Gedanken zur Thematik „Lernen und Bildung" machen oder ein spezielles Konzept verfolgen. Mein Ziel war mehr Klarheit und ich wollte herausfinden, wie andere mit diesen Fragestellungen umgehen. Das Thema ist sehr komplex und die Meinungsbildung hängt auch sehr stark vom Welt- und Menschenbild ab. Dies habe ich einmal mehr gemerkt, nachdem ich die insgesamt vierzehn Interviews geführt habe. Aber: Was meine Expertinnen und Experten mir erzählt haben, ist äusserst informativ und inspirierend. Einige meiner ganz persönlichen Fragen konnte ich durch diese Gespräche klären.

Die Interviews, welche ich im Herbst 2016 geführt hatte, wollte ich nicht nur online zur Verfügung stellen, sondern auch in schriftlicher Form veröffentlichen. Deshalb habe ich mir die Zeit genommen, die Interviews zu transkribieren und als Buch herauszugeben. Sprachlich habe ich nicht viel verändert, so dass der Redestil möglichst authentisch bleiben konnte.

Mit meinem Werk möchte ich allen an Bildung und Lernen interessierten Menschen die Möglichkeit zu geben, sich weiterzubilden und ihren Horizont zu erweitern.

Interview mit Pascal Furrer und Ueli Eichholzer von der IG Glücksschule

Die IG Glücksschule ist ein Verein, der im Sommer 2015 in Luzern gegründet worden ist. Der Verein besteht aus Lehrpersonen und Eltern, die sich für die konkrete Umsetzung der Ideen der Glücksschule an der öffentlichen Schule einsetzen.
Die Glücksschule soll dabei zunächst als Pilotprojekt an der öffentlichen Schule parallel zum bestehenden System realisiert werden.
Pascal Furrer und Ueli Eichholzer sind im Co-Präsidium.

www.glücksschule.ch

Ihr seid Initiatoren der Interessengemeinschaft Glückschule. Was ist das und wofür setzt ihr euch ein?

Ueli Eichholzer:
Die IG Glücksschule möchte überall an der Volkschule die Möglichkeit schaffen, dass alle Beteiligten die Wahl haben, welche Form von Bildung sie für sich oder ihre Kinder möchten. Das ist die Kernidee.

Wie seid ihr darauf gekommen, dass man die Wahl haben sollte, wie man lernen möchte?

Ueli Eichholzer:
Das geht auf eine gemeinsame Zeit zurück. Wir haben gemeinsam in der Arbeitsintegration mit Menschen gearbeitet, die 9 Jahre in der obligatorischen Schule waren und haben da festgestellt, dass von all dem, was im Leben steht, ein nur kleiner Teil wirklich vorhanden ist. Dann haben wir im Austausch mit den Jugendlichen gemerkt, dass diese auf die wohl nicht so schwierige Frage, was sie interessieren würde zu tun keine Antwort wussten. Ich glaube, das ist wirklich ein Mosaikteil in dem Ganzen, warum wir das überhaupt tun.

Pascal Furrer:
Da gab es Impulse, sodass wir begannen mit anderen Menschen zu diskutieren, zu erforschen und diese Reise führte uns weiter zu Erkenntnissen, dass zum Beispiel diese Gesellschaft von der wir ein Teil sind, sich über Jahre eine Idee von «Wer ist für was verantwortlich?» erschaffen hat. Das geht scheinbar mühelos, wenn wir sehr angepasst funktionieren und uns an alles halten, was man uns vorgibt. Aber dann kam diese Glücksschulbewegung dazu und wir stellten plötzlich fest, dass ganz viele Menschen ja nicht wirklich zufrie-

den sind. Dann zogen wir die Errungenschaft der Gehirnwissenschaften dazu, die uns ganz viele Erkenntnisse schenkt, zum Beispiel, dass wir Menschen eigentlich von Natur aus gänzlich anders lernen. Lernen ist viel mehr, als das Erfüllen von Vorgaben, die bezwecken, dass wir dann «etwas» sind.

Ich habe gemerkt, dass es für mich in Bezug auf Schule einen Unterschied gibt zwischen dem schulischen Lernen und dem Lernen als solches, das sowieso immer stattfindet. Meine Idee ist, dass man diese zwei Dinge doch irgendwie zusammenbringen kann. Ist das eine Frage, die euch auch beschäftigt?

Ueli Eichholzer:
Dazu kommt mir ein Wort in den Sinn, nämlich die Gleichwürdigkeit. Gleichwürdigkeit aller Beteiligten, auch von allem Material und Wissen, das vorhanden ist. Gleichwürdigkeit heisst, alles hat Platz. Ich glaube auch im Kern unserer Idee steckt nicht, dass wir schon alles vorgefertigt haben. Wir kommen nicht an Schulen oder werden nicht an Schulen eingeladen, um ihnen zu erzählen, was Glücksschule ist und wie man das umzusetzen hat. Sondern ich glaube, dass Glücksschulen, wenn sie dann wirklich überall umgesetzt werden dürfen, dann unterschiedlich aussehen, weil sie mit den Kindern, Eltern und Lehrpersonen zusammen entstehen. Und das sind dann nicht bloss ein paar Intellektuelle, die wissen was lernen ist, sondern es entsteht in einer echten Präsenz mit alle Beteiligten.

Pascal Furrer:
Bei Gleichwürdigkeit fällt mir auf, dass wir da als Menschen gefordert sind, vor allem als erwachsene Menschen. Wir sind aufgefordert, uns wieder und näher und regelmässig, echt und ehrlich zu hinterfragen, welche Haltung wir genau vorleben. Da schwingt noch

ein anderes Wort in dieser Gleichwürdigkeit mit, das könnte zwar paradox klingen, ergänzt sich aber, nämlich die Diversität. Diversität im Sinne vom Verständnis, dass wir alle verschieden sind und aber gerade darin diese Gleichwürdigkeit entdecken und entfalten wollen. Ich gehe davon aus, dass wir das wollen, wenn man uns lässt. Das ist dieser Ansatz, der auch Motivation in sich birgt, der etwas bewegt. Sei es zum Beispiel für mich als Vater, dass ich mal untersuche, wo ich feststecke. Oder wie geschieht das bei einer Lehrperson, was hat sie für Handlungsmöglichkeiten? Mit solchen Fragen sind wir unterwegs und bieten Angebote. Wir möchten viel mehr aus diesem Gleichwürdigkeitsverständnis heraus mit Angeboten arbeiten.

Ueli Eichholzer:
Wir denken bei den Angeboten vor allem aber auch im Bereich des Schulsettings, dass mehr auf dieser Angebotsebene stattfinden kann. Aus der einfachen Erklärung heraus, dass wenn ein Angebot vorhanden ist, ich eine Entscheidung treffen muss, möchte ich das oder das andere. Ich mache das aus meinem eigenen Antrieb heraus, der mich interessiert. Diesbezüglich haben wir schon Erfahrungen gemacht, da können schulische Angebote auch stattfinden, wenn Kinder und Jugendliche auch wirklich entscheiden dürfen. Dann steckt eine andere Motivation dahinter, sich dann auch für etwas zu engagieren oder sich einzulassen, als wenn einfach etwas vorgeschrieben ist. Ich möchte keine Kritik an der Lehrperson üben, die die Lernangebote mit bestem Willen und mit guter Überzeugung auswählt und fein säuberlich vorbereitet. Aber so haben wir dann eine Vorgabe und im weitesten Sinne ist es eigentlich ein Zwang.

Pascal Furrer:

Das Thema Angebot kann man auch aus der Sicht des Kindes entdecken. Die Haltung, die wir zusammen mit dieser Idee der Glücksschule entwickeln wollen ist: Was wäre, wenn wir als erwachsene Menschen oder Lernbegleiter uns darin üben, uns mehr zurückzunehmen um in die Beobachtung zu gehen? Wie wäre es, wenn wir diese Beobachtungsgabe, die wir auch mitgeschenkt erhielten, wirklich nutzen und damit wachsen? Ich glaube, wir sind alle in den Kinderschuhen, weil wir verlernt haben, zu beobachten. In dieser Beobachtungsrolle kann man dann dieses Wunder, diese Staunen erleben, dass eigentlich auch Kinder Angebote machen. Und mit diesen Angeboten dann pädagogisch und fachlich kompetent in eine Begleitung einzusteigen, ist doch das Interessante. Ich glaube, dass viele Menschen, die beginnen Lehrer werden zu wollen diesen Wunsch im Herzen haben.

Ich finde es in meiner Arbeit immer schön, wenn ich mir Zeit nehmen kann um die Kinder zu beobachten und das Setting wie von aussen zu betrachten. So ist es mir manchmal, möglich neue Sachen zu entdecken und manchmal ergeben sich dann wie von alleine neue Lernwege oder Lerninhalte. Ich habe die Erfahrung gemacht, dass es dann viel intensiver wird. Zwar habe ich dann nicht den vorgeplanten Stoff bearbeitet, aber alle Beteiligten waren zufrieden. (Pascal Furrer macht dabei die Zwischenbemerkung: «Das ist im Flow sein»). Passt das zu eurer Vorstellung?

Ueli Eichholzer:

Ja, ich kann mich sehr damit identifizieren. Wir fragen uns dann, warum Bildung zurzeit in einem Setting ist, indem so viel Stress und Druck vorhanden ist. Lernen passiert eigentlich immer. Die Kinder und Jugendlichen brauchen nur Raum und Zeit, um lernen zu können, das wäre so elementar.

Wir sind ja auch immer noch am Untersuchen, warum dieser Druck da ist und warum eben immer wieder dieses Tempo von der Lehrperson kommen muss. Wahrscheinlich ist das zum einen vom Lehrplan gegeben mit dieser Verpflichtung, den Lernenden möglichst alles, was im Lehrplan ist, beizubringen. Ich glaube, viele Lehrpersonen sind wirklich in dieser Pflichterfüllung, es gut machen zu wollen, aber spüren ganz klar im Herzen drin: Raum und Zeit für die Entfaltung, das wäre eigentlich das Rezept. Wir möchten auch mit unserem Wirken die Lehrpersonen ermutigen, den Lernenden diesen Raum und die Zeit zu geben, mit dem Wissen darum, dass sie vielleicht unmittelbare das Gefühl haben, nicht alles zu erfüllen, was im Lehrplan steht, dem Kind aber wirklich in seiner Entwicklung gerecht werden. Da sehen wir auch einen Schwerpunkt in unserem Wirken.

Pascal Furrer:

Das erinnert mich an einen grösseren Zusammenhang. Wenn wir diese Bildungswahl nicht unter den Tisch wischen, sondern uns damit auseinandersetzen, dann könnte daraus die Vision entstehen, dass dies eine entscheidende Möglichkeit geben wird, eine Gesellschaft langfristig nachhaltig und von innen heraus und nicht von aussen vorgegeben in einen Wandel zu bewegen, der eben wirklich Wandel ist, und nicht eine Pflaster – (Laster) -Politik.

Also könnte es doch darum gehen, herauszugehen, Neues auszuprobieren, Fehler machen zu dürfen, eine Fehlerfreudigkeit zu entwickeln und zu wachsen darin. Ich glaube, so wird man nach neun Schuljahren vermutlich Menschen begegnen, die etwas mitbringen, das wir im Moment vielleicht gar noch nicht wissen. Wir haben schon einige Menschen kennengelernt, die in einem Umfeld aufwachsen durften, wo sie ihrer eigenen Lernfähigkeit gewahr werden durften und ihre eigenen Interessen weiterentfalten konnten. Was bringen diese Menschen danach mit in unsere Gesellschaft? Wieviel Verantwortungsbewusstsein und Freude haben sie? Ich glaube da steckt ganz viel Potenzial.

Ueli Eichholzer:
Das ist spannend, das haben wir auch in dieser Arbeit mit den stellensuchenden Jugendlichen sehr stark auch gespürt oder aus Rückmeldungen aus der Arbeitswelt: Das, was sie bringen, ist nicht das, was gesucht wird. Das heisst auch, so wie heute ausgebildet oder geschult wird, ist nicht mehr das, was die Arbeitswelt eigentlich möchte. Und hier sind wir in einem sehr grossen Spannungsfeld. Denn man hat eigentlich das Gefühl, dass wenn man alle diese Ziele erfüllt, die im Lehrplan sind, man dann die Person ist, die die Arbeitswelt möchte. Wir stellen aber genau das andere fest und hören das oft, die Arbeitswelt sucht nach Menschen, die kreativ sind, und die wissen, was für Talente und Fähigkeiten sie mitbringen. Menschen die sich kennen, zu sich stehen können, Querdenker, Menschen die Verantwortung übernehmen, die mitdenken, die auch kritisch sind, die engagiert sind und Lernfreude haben, nur um ein paar Punkte zu nennen.
Aber das bringen Kinder und Jugendliche nach neun Jahren ganz sicher nicht mit, weil sie wissen, dass sie vielleicht nicht gut im Französisch sind, dass sie in der Mathematik eine Niete sind, vielleicht sind sie auch im Sport extrem schlecht oder was auch immer. Sie wissen also, was sie nicht können, das benennen sie bei uns auch wiederholend so. Was sie wirklich können und wofür sie motiviert sind, für was sie eigentlich hier auf diesem wunderschönen Planeten sind, da fehlt ihnen der Bezug. Genau das ist ein wichtiger Antrieb für uns, uns wirklich für diese Bildungswahl, für diese offene Bildungsform, wie wir das in unserem Konzept der Glücksschule beschrieben haben (zu finden auf *glücksschule.ch*), einzusetzen. Für die

16

Bildungswahl setzen wir uns aus unserer Überzeugung heraus ein. Wir möchten niemanden zwingen, wir möchten aber auch nicht, dass wir gezwungen sind, unsere Kinder in eine Schule zu schicken, die wir nicht möchten. Wir möchten die Wahl ermöglichen und niemanden zwingen, eine offene Bildungsform für das Kind zu wählen. Aber alle, die das Gleiche denken wie wir, sind auch ein Teil der Volksschule und die sollen die Möglichkeit erhalten. Das ist ganz wichtig.

Pascal Furrer:
Wir wussten, da gibt es viele Player, die machen diesen Staat aus. Wer ist dieser Staat? Das sind Menschen, die wir zum Teil auch kennen. Und wenn wir sie nicht kennen, dann begegnen wir ihnen und wir würden ihnen gerne Fragen stellen. Diese Glücksschule macht etwas mit uns selber und wir staunen darüber, weil so viel geschieht, weil Menschen aus der ganzen Schweiz sich melden und fragen: Wie können wir helfen? Wir möchten mitmachen. Also helfen im Sinne von mitmachen, aktiv werden. Wir spüren, dass da ein Bedürfnis ist und dieses Bedürfnis möchten wir gerne mehr in den Mittelpunkt rücken, weil es auch etwas Erhebendes in sich birgt. Es macht Spass, etwas zu entdecken, aufzudecken, das es vielleicht lange nicht oder gar noch nicht gegeben hat, aber eigentlich schon immer da war. Es ist möglich, weil die Möglichkeiten da sind, darin liegt so viel Energie. Wir haben eine Ahnung, aber die ist leise und sie braucht Raum und Zeit. Und ich kann nicht für dich entscheiden, wann die Zeit für etwas für dich reif ist. Ich kann aber da sein, wenn du spürst, dass für dich die Zeit für etwas Bestimmtes reif ist und dann eröffnen sich die Möglichkeiten. Im Grunde genommen ist das nichts Neues.

Ueli Eichholzer:
Eigentlich wäre das auch das Lernverständnis wie es auch aus der Neurowissenschaft herausgeht, das sind die Lernfenster. Wenn die Zeit reif ist, etwas zu lernen, dann wird es das Kind auch lernen. Diese Annahme ist sicher sehr stark auch im Kern der Idee der Glücksschule verankert.

Ihr geht zu Vertretern der Volksschule. Wie kommt ihr mit euren Anfragen an?

Pascal Furrer:
Wir erleben eine erstaunliche Offenheit. Wir spüren, dass man zusammenarbeiten möchte. Wir spüren, dass es wichtig scheint, alles richtig zu machen. Wir lernen, wir stellen Fragen und wir sind sehr positiv überrascht.

Ueli Eichholzer:
Das Schöne ist auch, wir üben uns auch in solchen Treffen wirklich in der Haltung der Glücksschule: Wir erforschen, erkunden, entdecken und finden heraus. Diesen Ämtern gegenüber begegnen wir eben nicht mit Druck, Zwang und Kritik, sondern auch mit Respekt, um einfach zu untersuchen, wie es möglich wäre oder was es braucht. Da erfahren wir immer wieder ganz schöne Momente, in denen uns am Ende eines solchen Gespräches der nächste Schritt offenbart wird.

Pascal Furrer:
Ich habe dazu das Bild einer schwangeren Frau. Sie möchte eigentlich so gerne das Kind auf die Welt bringen und ist dennoch aus einer natürlichen Vorgabe heraus «gezwungen» – ich weiss nicht ob es wirklich Zwang ist - zu warten. Wir sind also angewiesen auf eine

«Hebamme», auf Menschen die die Fähigkeit haben, dieses Kind ins Leben zu begleiten. Ich glaube, das sind diese Menschen, die da ohne dass sie es gewusst haben, sich jahrelang gebildet haben, um in Positionen und Rollen zu kommen, wo sie etwas bewirken könnten und wir gehen davon aus, dass sie das auch möchten. Vielleicht warten sie nur darauf, weil sie ja beispielsweise auch im Strudel der Vorgaben des Kantons stecken, von dem sie aber selber ein Teil sind. Wir möchten diese Perspektiven und diese Ermutigung in Bewegung bringen. Und diese werdende Mutter hat ja diese ganze Vielfalt an Gefühlen von Freude von Erwartung und von Nichtwissen, was da herauskommt. Und trotzdem verdanken wir dieser tiefen Verbundenheit, diesem Freudenfeuer, dass wir eigentlich nicht «burnouten» - als Nebenschauplatz, den man ja wegblenden könnte, aber er ist auch noch vorhanden. Auch die Schmerzen spielen mit, aber man ist in Kontakt damit und drückt sie nicht weg. Ich glaube das ist ein zentrales immer noch in den Kinderschuhen zu beschreibendes, weil kaum zu beschreibendes Momentum der Geschichte.

Was können Menschen denn tun, die auch einen Teil dazu beitragen möchten?

Ueli Eichholzer:
Sich treffen, in Form von regelmässigen Mitgliedertreffen zum Beispiel. Wir haben auch konkrete Anfragen von Menschen, die uns schreiben und Ideen bringen und sich einbringen wollen.

Pascal Furrer:
Das sind PH-Studentinnen und -Studenten, die sich melden, sogar ganze Klassen. Ebenso Lehrpersonen und Menschen die an Universitäten arbeiten. Und dann gibt es auch diese «Frühgeburten», die sich ja auch ganz grossartig entwickeln können, wenn Menschen

sagen: «Ich gründe eine Privatschule, ich kann nicht mehr warten.» Da unterscheiden wir uns ein wenig, weil wir denken, dass es ein Miteinander ist. Dieser Weg des Miteinanders ist jetzt Thema in der heutigen Zeit.

Ueli Eichholzer:
Wir erleben ganz viele Angebote und Hilfe im Sinne von «Sagt uns, was können wir tun?» Dort gilt es für uns, dies auszuhalten, denn wir möchten eigentlich, dass die Menschen selber merken, wie sie sich einbringen können. Es gibt extrem viele Möglichkeiten. Im Zentrum steht meistens das Begegnen, das Miteinander in Beziehung treten und daraus entfacht sich wieder irgendeine Idee oder etwas Konkretes, wie zum Beispiel eine Präsentation, die aus einem Mitgliedertreffen entstanden ist. Aus diesen Treffen heraus kann auf einmal der Antrieb kommen, eine solche Regionalgruppe zu gründen oder sich für ein Anliegen zu engagieren, zum Beispiel in Form von Leserbriefen.
Also ich glaube, jede Person wird für sich selber merken, was sie für die Glücksschulbewegung beitragen kann. Das ist eine Kernhaltung von uns.

Pascal Furrer:
Diese schwangere Mutter muss ja auch wagen, zu warten. Wir haben für uns seit Beginn gewusst, dass wir nicht an Schulen anklopfen und fragen werden: «Wollt ihr nicht die Glücksschule?» Dann wäre dieser Weg ja genau wieder nicht so, wie die Natur es erschafft aus sich heraus. Wir wollen hier sein über die Ermutigung über unseren Flyer, über unsere Austauschabende, also einfach nur diesen Raum schaffen. Und er wird rege benutzt.

Ueli Eichholzer:
Die Freude ist gross. Zum Beispiel fand ein Anlass an einer Schule mit 250 Lehrpersonen mit einem Vortrag und einem anschliessenden Podiumsgespräch genau zu diesem Thema statt. Ganz wichtig war uns, und darüber haben wir auch mit dem Rektor gesprochen, dass es nicht Pflicht für die Lehrpersonen ist, daran teilzunehmen, sondern ein Wahlangebot. Man darf teilnehmen und das ist schon eigentlich ein wichtiger Wechsel: Vom Müssen zum Wollen.

Pascal Furrer:
Und stell dir den Mut eines Rektors vor, der es wagt hinzustehen, der es wagt mit seinem Herzen in Kontakt zu sein und der es wagt zum Ausdruck zu bringen, dass es andere Möglichkeiten gibt. Also nicht im Jammern feststecken und in der Kontrolle und in all diesen Mechanismen, die dann ablaufen können, das kennen wir ja alle nur zu gut in jeder Beziehung. Es gilt, da auszusteigen. Das ist ja so wie wenn man als Tourist das erste Mal in Luzern ist und einen wunderschönen Ort erlebt.

Ueli Eichholzer:
Ja genau, es macht Sinn, Neues zu wagen und ein Angebot für den Austausch zu schaffen. Es ist schön, Raum und Zeit geben, um sich mit diesem Thema einen Austausch zu ermöglichen und da werden noch ganz viele andere Schulen folgen.

Pascal Furrer:
Es ist nicht möglich, diesen Zug zu verpassen. Ich entscheide, wann ich einsteige.

Gibt es zum Schluss noch etwas, das ihr gerne erzählen möchtet?

Ueli Eichholzer:
Ja, zum Schluss möchten wir mit einem Wort kommen, das wir in den letzten Wochen sehr intensiv untersucht haben, nämlich das Thema Verantwortung. Wer trägt eigentlich für was eine Verantwortung? Sind es wirklich die offiziell verantwortlichen Ämter oder die Politik? Sind es nicht wirklich die Kinder, die Jugendlichen, der Mensch, der für sich selber in Verantwortung steht? Das ist etwas, das wir auch gerne in diesen Treffen zum Beispiel mit den kantonalen Verantwortlichen einbringen. Denn wenn wir es aus einer rechtlichen Sicht anschauen würden, wäre es nämlich ganz spannend zu untersuchen, ob wirklich der Kanton verantwortlich ist. Dann hätten ja unzählige Jugendliche das Recht darauf einzuklagen, für etwas, das sie offenbar nicht erhalten haben. Aber dann würde ja die Verantwortung zurückgegeben an die Lehrpersonen und die Lehrpersonen, dann wieder an die Eltern. Hier haben wir also eine Verantwortungsverwirrung die wir gerne an solchen Treffen untersuchen würden.

Pascal Furrer:
Und wir laden dich Zuhörer/Leser ein, diese Glücksschule selber zu untersuchen. Beginne einfach damit. Ich kann Kinder fragen, wie denn eine Schule aussehen muss, dass sie kaum warten können, wieder dorthin zu gehen. Stelle einfach Fragen, die die interessieren.

Ueli Eichholzer:
Dann kommst du vielleicht an den Anfang mit der öffnenden Frage: Was ist für dich Glücksschule?

Interview mit Irene Fischli

Irene Fischli Luthiger ist diplomierte Komplementär-Therapeutin Oda KT, Methode Kinesiologie und Supervisorin Komplementär. Zudem unterstützt sie Menschen als Lerncoach nach dem Lernhauskonzept von Irmtraud Grosse-Lindemann. Seit dem Jahr 2000 arbeitet Irene Fischli in ihrer eigenen Praxis als Therapeutin, assistiert auf allen Ebenen in der Volksschule und erteilt sowohl Kurse als auch Weiterbildungen für Kinder und Erwachsene, meist zum Thema Entwicklung und Lernen.

www.kinesiologie-fischli.ch
www.lernhaus-konzept.de

Vor einigen Jahren bin ich auf das Buch von Irmtraud Grosse-Lindemann gestossen und fand es sehr interessant. Ich habe nach Personen gesucht, die sich mit der Methode des Lernhaus-Konzeptes auskennen, so habe ich dich gefunden. Du gibst uns heute einen Überblick über diese Methode und erklärst uns, was man damit machen kann.

Ich arbeite seit etwa zehn Jahren mit dem Lernhauskonzept von Irmtraud Grosse-Lindemann, zumindest mit einzelnen Teilen ihrer Ausbildung, die sie modulmässig aufgebaut hat. Das Lernhauskonzept kann man sich wie ein Haus mit einem Kellergeschoss, einem Wohnbereich und einem Dachgeschoss vorstellen. Es basiert auf dem „dreiteiligen Gehirn" nach Mac Lean. Dem Kellergeschoss ordnet sie das Reptilienhirn - das Überlebensgehirn - zu, dazu gehören der Hirnstamm, das Kleinhirn und die Basalganglien. Dem Wohnbereich wird das Säugergehirn - das sogenannte Gefühlsgehirn - mit dem limbischen System, mit dem Thalamus und dem Hippocampus zugeordnet. Der Dachbereich wird dem Neokortex, also dem Verstandesgehirn mit seinen verschiedenen Aufgaben zugeordnet.

Jeder Bereich entwickelt sich zu einer bestimmten Zeit in der Entwicklung des Kindes. Das Stammhirn, beziehungsweise das Reptiliengehirn wird zuerst entwickelt. Das Stammhirn ist auch der Teil, den es seit 500 Millionen Jahren gibt. Dann folgt die Reifung des Säugergehirns, welches vor ca. 200 - 300 Millionen Jahren entstanden ist. Zuletzt entwickelt sich das Verstandesgehirn, der Neokortex, der etwa 200 Millionen Jahre alt ist. Das ist der Bereich, der bei Säugetieren und eben bei uns Menschen speziell gut ausgebildet ist. Irmtraud Grosse-Lindemann baut ihre Module und die dazugehörenden Themen in dieser Reihenfolge auf.

Im Kellergeschoss geht es um unsere emotionalen und körperlichen Reflexe, sowie um Bewegung und Bewegungsabläufe. Diese Gehirnbereiche reifen in den ersten zwei bis drei Lebensjahren verstärkt aus. Nahrung (physisch und emotional) ist ein ganz wichtiges Kellerthema, ebenso erste Teile der Wahrnehmung, vor allem die Eigenwahrnehmung – also die Entwicklung des Ich.

Dem Wohngeschossbereich teilt sie weitere Teile der Wahrnehmung zu. Da ist aber auch Freundschaft und Zugehörigkeit sehr wichtig. Von der Entwicklung her betrifft es die drei- bis siebenjährigen Kinder, in dieser Zeit entwickelt sich langsam ein Wir. Auf dieser Stufe wird zum Beispiel gelernt, dass das, was „ich" will, nicht das sein muss, was „du" willst. Miteinhergehend kommt die ganze Gefühlspalette dazu.

Erst ab sieben bis acht Jahren geht es mit der Reifung des Grosshirns wirklich vorwärts. Das sogenannte Dachgeschoss mit den wichtigen Bereichen Lesen, Rechnen, Schreiben und Sprache basiert auf den grundlegenden Gehirnbereichen und arbeitet sich nach oben. Die ganze Hirnreifung ist mit ca. 21 Jahren abgeschlossen; bei Jungen sogar noch etwas später.

Unser Gehirn lernt jedoch immer, das bedeutet, dass die Verbindungen zwischen den einzelnen Zellkernen ein Leben lang ausgeprägt werden.

Die Kinder gehen ja ab einem bestimmten Alter zur Schule. Hängt die Fähigkeit in der Schule gut mitzukommen, also mit dem Stand der Hirnreifung zusammen?

Ja, davon bin ich überzeugt. Interessant ist es, zu schauen, wie weit die Hirnreifung zum Beispiel bei einem Erstkindergartenkind dann wirklich ist. Eltern sind ja wahnsinnig stolz, wenn ihr Kind schon bis 20 zählen kann. Für das Kind selber ist es einfach ein Art Gedicht, es kann das einfach auswendig. Ein Erstkindergartenkind weiss in der Regel noch nicht wirklich, was diese Zahlen bedeuten.

Die Hirnreifung ist sehr individuell. Es gibt Kinder, die schulisch sehr intelligent sind und aus eigenem Interesse bereits in der ersten Klasse lesen und schreiben können oder bereits mathematische Aufgaben verstehen und lösen können. Ich habe aber die Erfahrung gemacht, dass es genau in dem Alter extrem wichtig ist, das Kind im Klassenverband zu behalten, wenn nicht wirklich eine grosse Unterforderung besteht, weil eben von der Entwicklung her gesehen die Themen Freundschaft, Zugehörigkeit, soziales und emotionales Wachstum – wie Empathie - ganz stark im Zentrum stehen. Natürlich kann man auch zu späteren Zeiten etwas nachholen. Es wird dann aber schwieriger.

Ein grosses Thema sind auch immer wieder Lernschwierigkeiten. Kann man denn mit diesem Konzept lernen, mit solchen Schwierigkeiten umzugehen oder das Kind zu unterstützen?

Ja. Ich brauche dieses Lernhauskonzept fast täglich. Nebst den Erklärungen, die zum Verständnis für die Arbeitsweise des Gehirns und den Zusammenhängen mit unserem Körper und unseren Gefühlen beitragen, nutzt es einen zweiten wichtigen Bereich, mit dem ich als Kinesiologin arbeite: das Brain Gym®-Modell von Dr. Paul und Gail Dennison, USA.
Brain Gym® geht davon aus, dass ich über Körperbewegungen Hirnaktivitäten ausgleichen, anregen und integrieren kann. Ich kann mit Augenbewegungen, Übungen und Arbeit an Reflexpunkten Stress abbauen.
Zum Verständnis arbeite ich ganz häufig mit dem Lernhauskonzept. Es ist sehr übersichtlich und gut verständlich, so dass ich auch schon Schulkindern erklären kann, worum es geht, wie die verschie-

denen Hirnteile zusammenarbeiten. Um dann etwas verändern zu können, nutze ich ganz häufig die Übungen aus dem Brain Gym.

Ich arbeite momentan mit einigen Jugendlichen und möchte gerne ein Beispiel erzählen. Ein 14-jähriges Mädchen, welches anfangs Mittelstufe stark gemobbt wurde, kam zu mir in die Praxis. Sie ist in ihrer Entwicklung eher langsam und ihr wurde ein ADS - Syndrom diagnostiziert. Für sie ist es schwierig, mit ihren Gefühlen umzugehen. Sobald ihre Lehrerin sagt: „Du bist heute zu spät, du bekommst deshalb einen Eintrag.", steigt in ihr Wut hoch. Wut ist eigentlich ein ganz normales, starkes Gefühl, das einen an die eigene Lebensenergie oder eben an das, was nicht funktioniert, erinnert. Sobald das Mädchen wütend wird, geht bei ihr – aus Sicht des Verstandeshirns - gar nichts mehr und sie ist blockiert.

Wir sind nun ganz langsam am Aufarbeiten, indem wir hinterfragen, wofür wir die Wut brauchen oder was es bringt, wütend zu sein. So lernt sie zu verstehen, warum sie schnell so reagiert. Aber das ist ein Prozess, es braucht Zeit um Veränderungen einleiten zu können. Über Eigenverantwortung kann ich mit dem Mädchen auch schon gut reden. Der Lehrerin, den Eltern, einer Situation oder gar sich selber die Schuld zu geben, nützt überhaupt nichts. Jemandem die Schuld zu geben, ist an ein Gefühl gekoppelt. Dieses Gefühl wird dann zu einem Problem, wenn es zu viel Raum einnimmt und wenn es nicht innert angemessener Zeit möglich ist aus dem Gefühl wieder raus zu kommen. Auf der Körperebene arbeite ich ganz konkret mit Stressabbautechniken. Wir suchen dann zusammen auch Übungen, zum Beispiel Atemübungen, leichte Dehnübungen oder Übungen aus dem Brain Gym®. Das sind Instrumente, die sie dann zur Hand hat, wenn wieder etwas passiert, was sie wütend macht. Zum Gelingen braucht es einerseits ihr Verständnis. Ganz wichtig ist aber auch der regelmässige Austausch mit den Eltern, denn Wut ist in jeder Familie ein Thema, wenn auch nicht das angenehmste. Auch das Gespräch mit der Lehrperson ist wertvoll. In diesem Fall hatte ich riesiges Glück: Ich wurde von der Lehrerin selbst kontaktiert und darf mich mit dem Einverständnis der Eltern mit ihr austauschen.

Das Lernhauskonzept ist also, wenn ich dich richtig verstehe, keine Anleitung wie man besser lernen kann, sondern man muss es als etwas Ganzheitliches verstehen. Es gibt nicht einfach Übungen, die man machen kann, sondern es geht darum, im Gespräch zu bleiben, etwas auszuprobieren und wenn möglich Bezugspersonen mit einzubeziehen.

Richtig. Was mir am Lernhauskonzept auch gefällt ist, dass alles so offen da ist. Es gibt da dieses Selbstverständnis für sich selber, also für das Kind oder den Jugendlichen, aber auch für den Erwachsenen.

Ich arbeite auch mit Erwachsenen. Es kann sein, dass sie zu mir kommen, weil sie plötzlich völlig blockiert sind, weil sie zum Beispiel einen Vortrag halten müssen oder ein Interview geben sollen. Da ist also eine Angst und dahinter stehen meistens Fragen wie: Komme ich gut an? Was passiert, wenn ich versage? Angst ist eigentlich unser Bodyguard und daher überlebensnotwendig. Wenn das Angstgefühl übermächtig wird, geht auf der Verstandesebene jedoch gar nichts mehr. Dann schauen wir gemeinsam genau hin. Ganz häufig sind es uralte emotionale Reflexe, die da hineinspielen können. Das Thema Sicherheit spielt bei solchen Blockaden auch eine grosse Rolle, ebenso die Angst, Schwäche zu zeigen. Aber es gibt keine Schwäche ohne Stärke. Je besser ich also meine Stärken kenne, umso weniger muss ich meine vermeintlichen Schwächen weghaben wollen. Ich kann lernen, meine Stärken zu nutzen, um mit meinen Schwächen besser zu leben.

Das ist ja eigentlich ein bekanntes Konzept. Ich denke, dass es gut wäre, wenn Lehrpersonen mit den Kindern auch über die Gefühle sprechen, die sie haben. Wenn zum Beispiel ein Kind immer Prüfungsangst hat, ist es doch gut zu wissen, dass dies ein Stück weit normal ist und dass man lernen kann, damit umzugehen. Ich finde es wichtig, dass man die Gefühle aber auch ernst nimmt.

Das ist auch mir ein grosses Anliegen. Deshalb gebe ich gerade auch Lehrern so gerne Weiterbildungen. Angst ist zum Beispiel meistens ein Reptilienhirn – Thema. Angst wägt immer in jedem Moment ab, ob eine Situation gefährlich ist oder eben nicht. Bei jeder Begegnung, die mein System als nicht gefährlich einstuft, kann ich weitermachen. Wenn ich jetzt aber ein Signal erhalte "Das ist gefährlich!" - und das geschieht meistens unbewusst - löst das eine Art Überlebensangst aus und zwar aus einem nicht rationalen, logischen Grund. Das Reptilienhirn hat die Aufgabe, für unser Überleben und für unsere Sicherheit zu sorgen. Wenn nun die Angst im übertragenen Sinn meint, hinter der nächsten Ecke kommt ein Säbelzahntiger hervor, dann kann ich nie mein ganzes Wissen für die Prüfung abrufen, denn die Angst blockiert alles.

Diese Zuordnungen und diese Zusammenhänge zwischen den Gefühlen und den Hirnbereichen bilden ein wichtiges Thema in meiner Arbeit. Unser Hirn ist genial. Wir entwickeln keine Neuronen mehr. Was sich aber ein Leben lang immer neu bildet, was Lernen eben auch im Kern ist, sind die neuronalen Verbindungen.

Je mehr Verständnis die Lehrer, Pädagogen und Eltern dafür haben, dass manche Dinge auf körperlicher Ebene, also auf der Gehirnebene ablaufen, desto bester kann man den Kindern auch helfen, gerade bei Angst. Immer wenn eine Prüfung schlecht läuft, zum Beispiel wegen der Angst, lernt das Gehirn: "Ich habe versagt."

**Wenn meine Schüler sagen „Ich schaffe das sowieso nicht",
probiere ich ihnen jeweils zu sagen: Wenn du diese Denkwei-
se hast, dann wird es auch so sein. Dann helfe ich ihnen das
umzuformulieren, so dass sie sich zum Beispiel sagen können: „Im Moment ist es schwierig, aber ich probiere, mein
Bestes zu geben." Wäre das so ein Tipp, den man aus deiner
Sicht so weitergeben könnte?**

Ja, absolut. Weil sowohl unsere Überzeugungen als auch unsere
Gefühle immer mächtiger werden, wenn wir sie bekämpfen wollen.
Das Beispiel vom rosaroten Elefanten kennen mittlerweile viele:
Stell dir irgendetwas vor, aber auf keinen Fall einen rosaroten Ele-
fanten! Genau dann siehst du ihn ganz sicher.
Ich nehme meine Gefühle und Überzeugungen als Tatsache an. Die
Energie, die ich brauche, um sie zu bekämpfen kann ich brauchen,
um sie umzuleiten oder zu öffnen im Sinne von: „Ich habe diese
schwierigen Erfahrungen gemacht, aber es kann ja sein, dass es mir
einmal besser gelingt."
Ganz wichtig ist die Haltung von uns Erwachsenen gegenüber den
Kindern und Jugendlichen. Aussagen wie „Du musst doch keine
Angst haben!" oder „Nein, du bist doch überhaupt nicht dumm!"
sollen sie vermeiden. Wenn die Überzeugung einmal tief genug ist,
kriegt man sie durch Beschwichtigen nicht weg. Ich kann ein Kind
unterstützen, indem ich ihm zum Beispiel sage: „Ich sehe, du hast es
wirklich schwierig, du musst mehr arbeiten als die Anderen. Und ich
sehe auch, du meinst du seist dumm." Ich begegne dem Kind also
mit einer ehrlichen und empathischen Haltung, denn ich sehe seine
Schwierigkeiten und spreche sie an. Es funktioniert nicht, wenn ich
dem Kind sage, es müsse anders sein.
Ich fordere aber auch Leistung ein. Durch dieses Einfordern, hart-
näckig Dranbleiben und nicht Aufgeben lernt das Kind (und sein
Gehirn), dass da jemand an es glaubt, dass man es als Menschen

sieht auch wenn es schulisch nicht so gut ist wie die Klassenbesten. Die Erwachsenen müssen Kinder ermutigen, damit sie fähig sind, etwas zu lernen. Gerade bei Kindern ab ca. acht Jahren ist dies besonders zu beachten, denn in dieser Phase geht es ganz stark um das eigene Können und vor allem auch um den eigenen Willen, der sich gerade dann stark entwickelt. Da ist unsere Begleitung sehr gefragt.

Ich finde das sehr interessant, weil dieses Thema mich selber schon sehr lange beschäftigt. Was du mir erzählst, scheint mir hilfreich für meine Arbeit. Ein anderes Thema von dir ist die Motivation, das bei Lehrpersonen und Eltern ein Dauerbrenner ist.

Ja genau. Viele Eltern - mich manchmal eingeschlossen - und Lehrer versuchen ihre Schüler mit Powersätzen oder anderen Dingen zu motivieren. Motivation ist ein Konzept, wie es zum Beispiel auch die Konzentration ist: Jeder weiss, was es ist und wir brauchen es alle – aber was es genau ist kann man fast nicht in Worte fassen.

Ich finde es ganz wichtig, die Motivation, also den Mut, dieses Kribbeln innerlich wieder zu spüren. Mir geht es darum, die eigentlich angeborene Neugier, etwas lernen und erfahren zu wollen, wieder anzustacheln.

Irmtraud Grosse-Lindemann hat dieses bezeichnende Beispiel gebracht, das mich heute noch beeindruckt: Ein Kleinkind will gehen lernen. Zuerst bewegt es sich, dann kommt das Drehen, das Krabbeln und später das Gehen. Wie viele Male fällt ein kleines Kind dabei um? Würde ein Kind dies lernen, wenn es überzeugt wäre, es sowieso nicht zu schaffen oder wenn es das Gefühl hätte, es sei zu schwierig? Kann es sein, dass ein Kleinkind plötzlich nicht mehr daran interessiert ist und deshalb aufgibt? Mein Anliegen ist es, diese Neugier, die uns angeboren ist, wieder zu wecken.

Also müsste die Schule eigentlich auch dafür sorgen, dass die Kinder vermehrt aus ihrem innerem Antrieb heraus lernen können?

Ganz wichtig ist mir hier die Aufklärung der Pädagogen oder Lehrpersonen. Natürlich wäre das, was du sagst wünschenswert. Aber wenn ich eine Klasse mit 20 - 24 Kindern habe, dann habe ich eine grosse Bandbreite an Gefühlen, Intelligenzen und Verhalten von diesen Schülern. Der Umgang damit ist eine riesige Herausforderung und viele Lehrpersonen schaffen das wirklich erfreulich gut. Aber eben, jedes Kind so zu begleiten, wie es das in dem Moment brauchen würde, ist sehr schwierig. Wenn ich mich als Lehrperson jedoch mit dem Thema auseinandergesetzt habe und den Fokus auf diese Dinge lege, bewegt es automatisch etwas in meiner Klasse.

Eine Lehrperson soll also als Beispiel vorangehen und so die Kinder anstecken?

Grundsätzlich ist das genau so, weil die Kinder nach Vorbildern lernen. Die Kinder schauen ab, vor allem uns Erwachsenen, aber natürlich auch untereinander. Wenn mich als Lehrerin ein Thema speziell begeistert, bleibt das Thema auch bei den Schülern mehr in Erinnerung. Wenn ich es dann auch noch schaffe, den Kindern zu vermitteln, dass ich nicht erwarte, dass sie immer mit Freude lernen, ich ihnen aber zeige, dass ich um ihre Lernfähigkeit weiss, dann ist das die beste Vorbildarbeit.

Es gibt eben Dinge, die wir einfach tun müssen.

Da sind auch Regeln, die unserem Zusammenleben eine Ordnung geben. Ich möchte ein Beispiel machen. Es gibt Kinder, die Schreibschwierigkeiten haben. Sie sehen Buchstaben „tanzen", einzelne lesen von hinten nach vorne oder Buchstaben „verschwinden" einfach. Sie sagen dann, es ist mir nicht wichtig wie das geschrieben ist. Dann komme ich mit dem Beispiel vom Duden und erkläre, dass wir uns im deutschsprachigen Raum auf eine Schreibform festlegen mussten, weil es nicht geht, dass tausende von Menschen anders schreiben. Ich arbeite auch hier wieder mit dem Zutrauen und der Ermutigung: „Du schaffst das! Auch wenn du das jetzt vielleicht dreimal mehr üben musst, als das Kind, dem es einfach leichter fällt".

Genauso ist es auch mit den Regeln des Zusammenlebens, wie die Höflichkeit, Pünktlichkeit oder der sorgfältige Umgang miteinander. Es geht um Konventionen, die nun einfach so sind. Ich brauche sehr viel Energie, wenn ich mich dagegenstemme.

Die Kinder müssen in die Schule gehen. Das ist in meinen Augen ein Riesenglück und auch ein Recht. Für viele Kinder, vor allem für diejenigen, denen manches etwas schwerer fällt, ist es ein Müssen. Wir können bei uns selber nachspüren, dass ein Satz wie „Du musst jetzt aufräumen!" sich nicht so gut anfühlt. Bei mir ist es das Abwaschen müssen. Wenn ich aber sage, ich bin ja fähig abzuwaschen und dazu noch eine nette Musik höre, oder dabei meine Gedanken frei schweifen lasse, dann ist der Abwasch plötzlich erledigt.

Ich muss gerade schmunzeln. Weil ich mir gut vorstellen könnte, dass das gerade ein Tipp ist für die vielen Lehrer, die Prüfungen korrigieren müssen. Sie könnten sich dann sagen: „Ich kann das. Ich finde es eigentlich noch ganz spannend zu lesen, was die Kinder geschrieben haben." Dann kann man das tatsächlich umdrehen und für sich selber nutzen, auch wenn es so nicht zwingend schneller geht.

Ja, aber der Widerstand fällt weg. Es geht gefühlt viel leichter. Um bei deinem Beispiel zu bleiben könnte man sagen: „Ich muss lesen, ich muss vergleichen. Das kann ich machen, ich bin fähig dazu und es gehört zu meinem Beruf." Punkt! So fällt es leichter die Arbeit zu erledigen. Wenn ich selber diese Haltung habe, kann ich sie den Kindern auch leichter vermitteln.

Gibt es zum Schluss noch etwas, das du uns im Zusammenhang mit dem Lernhauskonzept noch mitteilen möchtest?

Mich beeindruckt es, weil es uns als ganzen Menschen sieht. Nehmen wir als Beispiel einen schulisch wahnsinnig intelligenten Menschen, der ein sehr grosses Dachgeschoss hat, dafür aber wenig emotionale und soziale Grundfertigkeiten, welche auf einem schwachen Stamm oder Fundament stehen. Dies lässt sich mit dem Lernhauskonzept gut bildlich darstellen.

Natürlich ist es schön, intelligent zu sein und schnell lernen zu können. Aber macht es uns glücklich? Finde ich heraus, was ich wirklich gut kann und was mir liegt? Die Kindheit ist zum Lernen da. Hundewelpen kommen auch nicht als Schlitten- oder Blindenbegleithunde zur Welt. In der Gehirnforschung spricht man in diesem Zusammenhang von den Lernfenstern, die während einer bestimmten Zeitspanne für eine bestimmte Entwicklung offen sind.

Das Lernhaus-Konzept gibt mir selber sehr viele Erklärungsmöglichkeiten und auch Verständnis. Es ist ganzheitlich, denn es bezieht die Gefühle, unseren ganzen Körper und Bewegungen im Allgemeinen mit ein. Es ist ein sehr menschliches und menschenbezogenes Konzept, das sich für den Alltag und für jeden eignet. Im Buch sind zahlreiche Tipps enthalten, die sich gut umsetzen lassen. Ich kann es allen wärmstens empfehlen, die ihre Kinder zuhause oder in der Schule unterstützen wollen.

Interview mit Silke Gramer-Rottler

Silke Gramer-Rottler ist Evolutionspädagogin und leitet das Bildungszentrum für Evolutionspädagogik. Die Evolutionspädagogik® ist ein Ansatz, der die Praktische Pädagogik mit den Erkenntnissen aus der neurologischen Forschung verknüpft. Silke Gramer-Rottler ist Autorin mehrerer Bücher. Nebst ihrer Tätigkeit als Ausbildnerin berät sie Kinder, Jugendliche und Erwachsene in ihrer Praxis und hält Vorträge.

www.evolutions-paedagogik.ch

Was kann man sich unter Evolutionspädagogik vorstellen?

Vor 25 Jahren hat sich das Institut für Praktische Pädagogik in München sehr stak mit den zunehmenden neurologischen Erkenntnissen beschäftigt und es sich dann zur Aufgabe gemacht, diese Erkenntnisse für die Pädagogik anwendbar zu machen. Wir haben uns mit dem Hirnforscher John Ratey auseinandergesetzt. Er ist Professor an der Harvard Universität und hat das Buch „Das menschliche Gehirn" geschrieben. Darin beschreibt er den evolutiven Aufbau des Gehirns, der sich in sieben aufeinanderfolgenden Stufen vollzieht. Dieser evolutive Aufbau des Gehirns dient als Grundlage der Evolutionspädagogik. Da jede Gehirnentwicklungsstufe ihre jeweils eigenen Fähigkeiten und Fertigkeiten in sich trägt, liegt unsere Stärke in der Diagnostik und in der Wahrnehmung und wir nutzen es auch als Kommunikationsmodell. Das Fundament der Evopäd ist die Bewegung, denn „wenn Sprache versagt, hilft Bewegung".

Nun kann ich mir aber nicht ganz vorstellen, was der Aufbau des Gehirns mit dem Lernen zu tun hat. Wie kann man das erklären?

Lernen ist ein langsames sich Aufrichten. Das heisst, wenn ein Kind vom Babyalter an bestimmte Bewegungsabläufe durchläuft, entstehen Vernetzungen im Gehirn. Wir können beispielsweise feststellen, wo Blockierungen vorhanden sind, die vielleicht auch Verhaltensauffälligkeiten hervorrufen. Durch gezielte - „richtige" – Bewegungen lassen sich Blockierungen oder Defizite dann auflösen oder aufarbeiten. Denn mit den ganz gezielten, intuitiven Bewegungsabläufen, aber auch mit den kleinkindlichen Bewegungsabläufen, die ein Kind von halbjährig bis zum aufrechten Gang durchläuft, werden Entwicklungsprozesse angesteuert.

Ich kenne eine Familie, deren Kleinkind ganz lange nicht gehen wollte. Es ist jetzt zwei Jahre alt und hat erst jetzt angefangen, zu gehen. Hätte man dem Kind mit der Evolutionspädagogik helfen können, oder wäre das dann ein Eingriff in seine natürliche Entwicklung gewesen?

Nein, ein Eingriff in seine natürliche Entwicklung ist es sicher nicht. Man kann mit bestimmten Bewegungsimpulsen ankurbeln, dass es sich schneller bewegt, dass die einzelnen Bewegungsabläufe und Schritte schneller kommen.

Mir fällt dazu ein Versuch ein, den Wissenschaftler mit halbjährigen Zwillingen gemacht haben. Einer der beiden wurden täglich ungefähr zehn Minuten auf einen Drehstuhl gesetzt. Der Hintergrund war, dass ihr Vestibular-System angeregt werden sollte - also der Gleichgewichtssinn. Der eine Zwilling wurde auf diesem Stuhl regelmässig wie auf einem Karussell gedreht und gestoppt, er erfuhr also diese Drehbewegung. Der andere Zwilling wurde nicht gedreht. Das Ergebnis war dann schon ganz klar: Der „gedrehte" Zwilling war schneller in seiner Bewegungsentwicklung. Man hat dann gesehen, dass sich die Entwicklung wieder angeglichen hat, als man damit aufgehört hat, der „nicht gedrehte" Zwilling hat also wieder aufgeholt. Es ist aber unbestritten, dass etwas schneller in Gang kommen kann, wenn man die richtigen Reize auf das Vestibular-System gibt. Wir machen mit unseren Übungen im Grunde nichts Anderes.

Ich habe von einer Studie gelesen die besagt, dass Kinder, die viel Sport treiben oder sich draussen viel bewegen, auch besser in Mathematik sind. Würden Sie es unterstützen, dass Kinder sich möglichst viel bewegen, also ihren natürlichen Bewegungsdrang ausleben sollten?

Grundsätzlich stimmt es natürlich, dass Bewegung guttut. Aber man muss es etwas differenziert anschauen, dabei hilft uns dann unser siebenstufiges Modell. Aus dieser Sicht ist nicht immer eine beliebige Bewegung die richtige Bewegung, um ganz individuell an Schwierigkeiten heranzukommen.

Wenn man auf bestimmte Probleme eingehen möchte, muss man schauen, welche Gehirnstufe nicht integriert ist. Deshalb kann man nicht sagen, dass beispielsweise Fussball spielen für alle gut ist oder dass es für alle Kinder gut ist, wenn wir am Morgen ein paar Überkreuzübungen machen. Das muss man differenziert anschauen, weil es nur dann es effektiv sein kann. Für den Einen kann Aktivität gut sein, für den Anderen kann sie aber Unruhe erzeugen.

Das habe ich in einem ihrer Bücher gelesen, wo Sie über ADHS-Kinder schreiben, dass Bewegung den Einen tatsächlich hilft und den Anderen eben nicht. Heisst das, dass die Evolutionspädagogen beim Kind oder auch beim Erwachsenen schauen, wo Blockaden sind? Oder schaut man eher auf die Lerndefizite?

Wir arbeiten nicht am Defizit, sondern orientieren uns an dem, was das Kind schon kann. Natürlich schauen wir wo, wir etwas integrieren können. Schlussendlich geht es da darum, den Gleichgewichtszustand wieder herstellen zu können. Wir sprechen auch von einem Gleichgewicht innerhalb jeder Stufe und innerhalb einer bestimmten Wahrnehmungsebene. Unser Bestreben ist es zu merken, wo wir ansetzen müssen und was wir tun können. Unser Ziel ist, dass wir die Talente, die jedes Kind in sich trägt, frei legen können. Aus Defiziten sollen keine negativen Eigenschaften entstehen. Wir legen unser Augenmerk auf das Potential der Entfaltung, denn hinter dem Stress liegt das Talent. So sagen wir, dass die Evolutionspädagogik eine Entfaltungspädagogik ist.

Nun ist es doch leider immer noch so, dass die Schule relativ einseitig ist und Talente wie das Künstlerische oder das Musische in der Schule nicht unbedingt so stark gefördert werden. Engagieren Sie sich auch dafür, dass man das Lernen ein bisschen öffnen sollte?

Ja, auf jeden Fall. Denn schlussendlich wissen wir nicht, was unsere Kinder von heute in der Zukunft leisten müssen. Ich denke, wir müssen von dieser Polarisierung wegkommen, damit eben Fächer wie zum Beispiel das kreative Gestalten eine Gleichwertigkeit zur Mathematik oder Sprache erhalten. Nur so gelingt es uns, dass wir nicht alle Kinder über einen Kamm scheren müssen. Eine grosse Problematik in unserem heutigen Schulsystem sehe ich darin, dass wir immer noch versuchen, standardisierte Tests durchzuführen, an denen wir die Kinder messen wollen. Im Grunde genommen führt das aber nicht zum Ziel, weil sich das Kind und sein Gehirn nicht standardisieren lässt. Da hilft unser „Evopäd"-Modell wirklich, dass wir viel differenzierter schauen können und das Kind eben auch in einem Bereich stärken können, den es vielleicht selber noch gar nicht entdeckt hat und indem sein Talent schlummert.

Es braucht also eine gute Beobachtungsgabe, wenn man als Evolutionspädagoge arbeiten möchte. Was braucht es denn noch dazu?

Das Beobachten Lernen ist ein Hauptteil in unserer Ausbildung. Angehende Evolutionspädagogen werden sehr gut darin geschult, ihr Blickfeld zu erweitern. Zu Beginn eines Vortrags oder auch in der Ausbildung sage ich immer: „Wir müssen lernen, anders zu schauen, anders zu denken und anders zu handeln." Natürlich vermitteln wir, wie das geht.

Oft höre ich von Lehrern und von Eltern Aussagen wie: „Max konzentriert sich einfach nicht." Das alleine reicht gar nicht, um irgendeine Diagnose zu stellen. Ich frage dann, was Max denn genau macht, wenn er sich nicht konzentrieren kann. Differenzierte Antworten geben mir einen Hinweis, wo ich ansetzen muss.

Das Thema Konzentration hat ja auch sehr viel mit Motivation und dem Bezug zum Stoff zu tun. Das macht also in meinen Augen schon Sinn, wenn man genauer hinschaut.
Könnten Sie nun die Arbeitsweise der Evolutionspädagogik an einem konkreten Fallbeispiel aufzeigen?

Eine Drittklässlerin kam wegen auffälligem Verhalten in Mathematik zu mir. Vorausschickend möchte ich erwähnen, dass das Mädchen achtjährig war, aber so gross wie ein etwa fünfjähriges Kind war. Es hatte die Krankheit der Kleinwüchsigkeit, was angesichts des Gesamtbilds durchaus von Bedeutung ist.

Hauptsächlich während der Mathematikstunden ist dieses Mädchen aufgestanden und im Klassenzimmer umhergelaufen, wenn es ein Aufgabenblatt vor sich hatte oder in Stresssituationen war. Manchmal hat es sich auch auf den Stuhl gestellt. Sie hat sich auch trotz

Ermahnung nicht davon abbringen lassen. Das brachte Unruhe in die Klasse und die Lehrerin wusste nicht, wie sie damit umgehen sollte, weil das Ermahnen und Verbieten nichts gebracht hatte. Dieses Mädchen hat im Grunde genommen aus seinem eigenen Impuls heraus versucht, sich einen Überblick zu verschaffen. Wenn man den Überblick über die Situation und über den Körper nicht hat, dann hat man ihn auch nicht auf dem Blatt, auf dem man sich orientieren will. Von daher hat es eigentlich durch diesen Positionswechsel genau das Richtige gemacht. Wenn man den Zusammenhang versteht, dann ist das Verhalten weder auffällig noch böswillig, sondern einfach nur verständlich. Es geht also darum, dahinter schauen zu können, warum ein Kind etwas tut und warum ein Kind sich verhaltensauffällig zeigt. Wenn wir den Zusammenhang von den sieben Wahrnehmungsstufen kennen, wird uns Einiges klarer und wir können Dinge anders angehen und müssen nicht mit Sanktionen arbeiten.

Als erstes habe ich nach dieser Beobachtung mit der Lehrerin gesprochen, sie hat dem Mädchen dann erlaubt, auf den Stuhl zu stehen, wenn sie es brauchte, man kann dies ja mit Regeln verknüpfen, damit die Klassengemeinschaft nicht zu sehr gestört wird. Bewegungsimpulsen sollte man nach Möglichkeit nachgeben dürfen, weil die Kinder sich dadurch auch selbst helfen können. Wir sagen, dass das Gleichgewicht im Körper das Gleichgewicht im Denken ist. Nachdem wir die Situation des Mädchens von allen Seiten beleuchtet haben, war die Verhaltensauffälligkeit kein Thema mehr und das Mädchen hat Fortschritte in Mathe gemacht und sogar Freude am Fach entwickelt.

Das heisst, die Kinder zeigen ja eigentlich schon den Weg mit ihrem Verhalten vor und wir müssen nur lernen, das zu deuten.

Richtig.

Gibt es denn auch Beispiele für die Arbeit mit der Evolutionspädagogik mit erwachsene Personen?

Wir arbeiten in erster Linie mit Kindern, aber wir können mit Menschen allen Alters arbeiten. Ich habe immer wieder Eltern bei mir sitzen, die zu mir kommen, weil das Kind offensichtlich ein Problem oder eine Blockade hat. Aber wenn man genauer hinschaut merkt man, dass die Eltern gestresst mit dieser Situation sind, deshalb setze ich mit meiner Arbeit dann gleich dort an. Die Bewegung spielt nicht in jedem Fall eine Rolle, ich arbeite auch auf der kommunikativen Ebene. Ich kann anhand der verschiedenen Wahrnehmungsebenen deutlich machen, dass es eben verschiedene Sichtweisen gibt. So kann es sein, dass die Eltern sich bewusstwerden, dass ihr Stress aus den eigenen Erfahrungen kommt.

Es gibt Themen, die man auch als Erwachsener angehen kann. Die Prüfungsangst ist zu Beispiel ein häufiger Grund, weshalb Erwachsene zu mir kommen. Wenn ich mit jemandem rede, weiss ich dann genau, auf welcher Stufe ich ansetzen muss, damit wir die Integrierung erreichen und das Gegenüber zumindest ein eigenes Werkzeug in die Hand bekommt, um die Nervosität vor Prüfungen in den Griff zu bekommen. Auch mit älteren Menschen zu arbeiten ist ganz spannend. Oft haben sie altersbedingt Gleichgewichtsprobleme. Es ist wunderbar, wie es mit ganz kleinen aber eben richtigen Bewegungsimpulsen gelingt, diese Menschen wieder zu aktivieren. Also auch da sehen wir Potenzial und Erfolge.

Sie bieten ja auch die Möglichkeit an, eine Ausbildung als Evolutionspädagoge zumachen. Was lernt man denn da, abgesehen von den Dingen, die Sie schon angedeutet haben?

In unserer Ausbildung geht es darum, dass man sich erst mal mit diesen sieben Gehirnentwicklungsstufen beschäftigt und begreift, welche Wahrnehmung in der jeweiligen Stufe steckt. Dazu bekommt man das Handwerkszeug dafür, wie man mit diesem Wissen arbeitet. Das ist die Grundlage.

Wir gehen dann aber ein Stück weiter und beschäftigen uns mit dem Thema „männlich-weiblich", wobei das nicht eine Gender-Diskussion sein soll, darum geht es gar nicht, sondern um die mütterliche und die väterliche Kommunikationsstruktur. Diese ist in uns angelegt und wir lernen uns ihrer bewusst zu werden. Dazu gehört auch, dass wir erkennen, wann wir selber im Ungleichgewicht in der Kommunikation sind und wie wir das kompensieren.

Zum Schluss der Ausbildung, beschäftigen wir uns mit der Wirkung von Kunst, und zwar auf ganz andere Weise, als man das vielleicht gewohnt ist oder das schon gemacht hat. Es geht auch da wieder stark um Eigenwahrnehmung, also zu sehen, was das Kunstwerk mit mir selbst macht.

Die Persönlichkeitsarbeit ist uns auch sehr wichtig, denn wenn man mit Menschen arbeitet, sollte man auch stabil in der eigenen Persönlichkeit sein. Insgesamt ist es also eine sehr vielseitige Ausbildung, die nebst Erlernen des Handwerks auch die Chance zu ganz viel Selbsterkenntnis bietet.

Sie sind ja auch Autorin mehrerer Bücher. Welches Buch würden Sie interessierten Menschen, die keine Vorkenntnisse haben, empfehlen?

Die meisten Bücher habe ich zusammen mit Ludwig Koneberg geschrieben, dem Leiter des Instituts für Praktische Pädagogik in München. Um sich mit dem Modell „Evopäd" vertraut zu machen, eignet sich unser erstes Buch „Das bewegte Gehirn" ganz gut. Dort werden die einzelnen Stufen in der Einfachheit und auch der Bewegungsablauf dazu beschrieben. Wenn man dann etwas mehr in die Tiefe gehen möchte, ist das Buch „Die sieben Sicherheiten, die Kinder brauchen" sehr empfehlenswert. Wenn man dann nicht aufhören kann mit Lesen, dann empfehle ich „Verkannte Genies". In dieser Reihenfolge sind unsere Bücher auch entstanden. Erst dann haben wir das Coachingbuch „Die 90 Grad Lösung" geschrieben. Das letzte Buch heisst „Kindgerecht lernen". Das ist aber sehr kompakt und da hilft es, ein Vorwisssen zu haben, um dieses Buch zu verstehen.

Gibt es aus Ihrer Sicht zum Abschluss noch etwas Wichtiges zu erwähnen?

Ich erlebe ich immer wieder, wenn ich in Schulen bin und einzelne Förderlektionen mit Kindern habe, dass die Lehrer das Verhalten der Kinder oft nicht verstehen und dann eben mit Strenge und Konsequenz reagieren. Ich merke, wie beide Seiten unglücklich sind, weil es keine Besserung bringt. Manchmal ist es auch schwierig zu vermitteln, was es heisst, jeden Menschen in seiner Wertigkeit abzuholen. Wenn dies gelingt, dann sind die Barrieren eigentlich schon weg. Ich appelliere, dass wir lernen müssen, die Situationen anders anzuschauen, dass wir nicht so sehr in diesen „Richtig und Falsch"-Rastern und „man darf dieses nicht und sollte jenes nicht", zu denken.
Es ist wichtig, die Kinder in ihrer Persönlichkeit zu achten, egal wie schwierig oder anstrengend dies sein kann.

Interview mit Urs Guldener

Urs Guldener ist Heilpädagoge. Er führt einen Verein, der sich mit der inklusiven Schulentwicklung befasst. Sein Ziel ist es, dass alle Kinder und Jugendlichen an Schulen auf ihrem Stand lernen können. Er berät und begleitet Menschen, die sich auf den Weg machen wollen, an ihrer Schule eine neue Lernkultur aufzubauen.

www.ilwig.ch

Du bist überzeugt, dass es in der Schule neue Wege braucht, um zu ermöglichen, dass jedes Kind sein Lernpotenzial entfalten kann.

Ich beschäftige mich mit der Frage, was die Kinder brauchen, um gut lernen zu können und wie sie ihr Potenzial, also das was sie imstande sind zu lernen, ausschöpfen können. Ich arbeite mit Kindern, die Lernschwierigkeiten haben, die vielleicht eine reduzierte Intelligenz haben oder sich verhaltensauffällig zeigen. Ich mache die Beobachtung, dass wir an der öffentlichen Schule noch nicht auf einem genügend guten Weg sind, was die Kinder mit besonderen Lernvoraussetzungen betrifft. Starke Schülerinnen und Schüler profitieren von unserem Unterricht ungleich mehr als schwache.

Es gibt meiner Meinung nach drei Dilemmata, die verhindern, dass unsere Schülerinnen und Schüler ihr Lernpotential ausschöpfen. Das erste Dilemma ist die Entmutigung. Wir entmutigen die Kinder häufig, anstatt sie zu ermutigen. Dies, indem wir immer noch Defizite und Fehler fokussieren und nicht Stärken. Das zweite Dilemma ist die Angst vor dem Versagen. Nicht nur die Kinder haben Angst, etwas nicht zu können, sondern auch wir Lehrpersonen haben Angst, den offenen oder versteckten Anforderungen nicht zu genügen. Das dritte Dilemma ist, dass wir zu wenig Zeit haben, um uns damit zu befassen und etwas zu ändern. Wir sind eingespannt in ein System, welches es erschwert, etwas zu ändern. Ich möchte dies anhand von Beispielen aufzeigen:

Das erste Dilemma: Entmutigung
Eine Lehrperson führte in der ersten Schulwoche der 4. Klasse einen Test durch und bewertete einzelne schwache Leistungen mit einer 2-3. Das war der Start ins Schuljahr. Die Absicht der Lehrperson war, den Kindern zu vermitteln, dass sie die Voraussetzungen

für das neue Schuljahr noch nicht mitbringen und dass sie in den Folgewochen aufholen müssten. Für die betroffenen Schülerinnen und Schüler bestätigte sich jedoch nur die Erfahrung: Ich kann dies nicht und werde hier nie gut sein.

Ein anderes Beispiel ist die Kontrollfrage an die ganze Klasse nach einer direkten Instruktionsphase: «Habt ihr es verstanden?» Tatsache ist, dass viele Kinder es wohl verstanden haben, einige jedoch nicht. Wenn dann ein - zumeist aufmerksamer - Schüler aufgerufen wird und eine Kontrollfrage richtig beantwortet, gehen wir davon aus, dass es alle verstanden haben. Dies dient der Entlastung der Lehrperson. Sie sucht die Bestätigung, dass sie verständlich erklärt hat.

Sehr oft erlebe ich unser Bewertungssystem mit Noten entmutigend. Wir orientieren uns beim Festlegen einer Notenskala daran, dass der Durchschnitt um eine 4-5 liegt. Ist der Durchschnitt regelmässig höher, werden einfach die Aufgaben erschwert. Mathematisch ist es also unmöglich, dass die schwachen Schüler "gut" werden können. Das System honoriert aber auch die Schülerinnen und Schüler mit hoher Punktzahl nicht, da diese nur eine gute Note Dank der Schwachen gekriegt haben.

Wenn nun bei der Bewertung von Leistungen nur die Note zählt, ist es nicht erstaunlich, dass viele Grundkompetenzen auch während neun Schuljahren auf der Strecke bleiben. Die nötige Anstrengung zahlt sich für die schwachen Schülerinnen und Schüler nicht aus.

Das zweite Dilemma: Angst

Im Film «Alphabet» sagt Pablo, der Spanier mit Downsyndrom, dass es zwei pädagogische Konzepte gibt, nämlich dasjenige der Angst und dasjenige der Liebe. Das ist natürlich stark vereinfacht, trifft die Sache aber auf den Punkt. Wenn wir uns überlegen, woran wir uns in der Pädagogik orientieren, lässt sich feststellen, dass die Angst dominiert. Wir sind einer latenten Angst ausgesetzt, dass die

Schülerinnen und Schüler plötzlich machen, was sie wollen. Dabei geht es nicht um Autorität oder Führung, sondern um die Angst, die Macht zu verlieren.

Lehrerinnen und Lehrer haben Angst, dass sie die Vorgaben des Lehrplans nicht erfüllen oder die Ziele eines Lehrmittels nicht erreichen können. Wie gehen wir damit um, dass ein Drittel der Klasse die beiden Fremdsprachen (Englisch und Französisch) nicht schafft? Wie fühlen wir uns, wenn einige 6.-Klässlerinnen keine richtigen Sätze schreiben können? Zu oft betrachten wir das als unser Problem. Das ängstigt.

Ein Klassiker, den ich immer wieder höre: «Ich lasse meine Schülerinnen und Schüler nur so viel schreiben, wie ich auch korrigieren kann. Denn wenn die Eltern fehlerhafte Texte sehen, kritisieren sie mich, da ich Fehler übersehen hätte.» Es gibt also Lehrpersonen die Kinder aus Angst vor dem Übersehen der Fehler wenig schreiben lassen, was kontraproduktiv für die Schreibkompetenz ist. Wenn wir dann in der sechsten Klasse merken, dass die Kinder nicht schreiben können, steht das für mich in einem direkten Zusammenhang zwischen der Angst der Lehrpersonen zu versagen und beispielsweise der Schreibkompetenz der Schüler.

Oft höre ich, dass Lehrpersonen Angst haben, eine Zeugnisnote nicht rechtfertigen zu können. Dann müssen die Schülerinnen und Schüler einfach eine zusätzliche Prüfung schreiben, damit die Note legitimiert werden kann. Mit Lernen hat dies aber überhaupt nichts zu tun.

Das dritte Dilemma: Keine Zeit für Veränderungen
Viele Lehrpersonen erkennen die vorangehenden Gedanken. Warum aber ändern wir kaum etwas? Warum sind wir nicht in der Lage, uns dem Lernen als Kernanliegen anzunähern? Wir haben keine Zeit, uns darauf zu besinnen. Ich wähle dieses Wort bewusst. Die

vertiefte Reflexion darüber, was dem Lernprozess förderlich wäre, ist nicht vorgesehen.

Wenn ich mit Lehrpersonen darüber spreche, was sie im Moment beschäftigt, höre ich oft folgende Schlagworte: Zu wenig Bewegung im Unterricht, defekte Computer, riesige Leistungsunterschiede, Terminfindungsprobleme, Formularkrieg, Vandalismus, rechtliche Fragen, ... Das sind alles legitime Themen, aber mit dem Lernen hat das soweit noch nichts zu tun. In den Teamsitzungen traktandieren wir Themen wie «neuer Berufsauftrag», «Organisation von Anlässen oder Ämtern», «Schülerpartizipation», «Neue Autorität», usw... Es wird praktisch nie thematisiert, wie Schülerinnen und Schüler lernen. Das soll aber keine Kritik an Lehrpersonen und an Schulen sein, denn sie geben ihr Bestes. Aber wir strampeln da wie in einem Hamsterrad, das wir im Moment nicht verlassen können. Was Not täte, wäre ein Zwischenhalt, dass ein Lehrerteam sich ausserhalb des Schulhauses eine Woche Zeit nähme und gemeinsam hinschaute, was ihm wirklich wichtig ist. Diese Woche könnte den Rest des Berufslebens verändern. Das ist ein Teil meiner Vision.

Diese Vision finde ich schön und das würde ich mir für jede Schule wünschen. Ich habe einfach Bedenken, dass es an der öffentlichen Schule schwierig ist, weil wir sehr viele Vorgaben haben.

Klar, da sind viele Vorgaben. Zum Beispiel jene des Lehrplans. Zumindest der alte (zürcherische) Lehrplan ist aber so basal, dass dessen Erreichung kein Problem wäre. Zudem ist ein Lehrplan keine Vorgabe, sondern eine Orientierung. Wir haben jedoch finanzielle, räumliche oder personelle Vorgaben. Niemand schreibt uns aber vor, wie wir ein Lernarrangement gestalten müssen. In Bezug auf das Lernen haben wir enorm viele Freiheiten. Diese möchte ich nutzen.

Damit Lernen gelingt, braucht es meiner Meinung nach vier grundlegende Dinge:

1. Die Überzeugung, dass Kinder lernen wollen und ausdauernd sind. Wenn wir in Klassen reinschauen, ist das sofort sichtbar - wenn wir sie nicht daran hindern.
2. Starke Beziehungen zwischen Lehrpersonen, Schülerinnen und Schülern und der Schule als Ganzem.
3. Die Akzeptanz von verschiedenen Arbeits- und Lerntypen.
4. Das Wissen, wie unser Gehirn funktioniert.
   a. Lernen muss selbstbestimmt sein. Es gibt keine andere Möglichkeit, als das Lernen dem Kind zu überlassen. Wir können es höchstens dazu einladen.
   b. Wir beachten das Vorwissen zu wenig. Wenn wir genauer und immer wieder abklären würden, was ein Kind kann oder zu einem Thema schon weiss, dann würden wir anders in einen neuen Stoff einsteigen.
   c. Wir lernen nur, wenn wir in einem individuell passenden Tempo, auf einer passenden Schwierigkeitsstufe und in einer passenden Sozialform arbeiten können.

An unserer Schule stellen wir fest, dass es vielen Kindern bezüglich des Vorwissens an Grundwissen aus dem Alltag fehlt. Zum Beispiel bearbeitet eine Lehrperson gerade das Thema Post. Sie hat mir erzählt, dass viele Kinder noch nie in einer Post waren und nicht wissen, was ein Brief oder eine Briefmarke ist. Das fehlende Grundwissen macht es also einer

Lehrperson fast unmöglich, den Stoff mit der ganzen Klasse durchnehmen zu können. Was sagst du dazu?

Wenn ich feststelle, dass es so ist, dann bin ich schon auf einem guten Weg. Wir hatten letzthin mit dem Thema Wetter begonnen und erst im Laufe der Lektionen habe ich gemerkt, dass viele Kinder die Himmelsrichtungen nicht kennen. Wir können den Föhn nicht erklären, wenn Süden, Norden, Tessin, Gotthard und so weiter keine bekannten Begriffe sind. Die Beispiele zeigen exemplarisch, dass es heute unmöglich geworden ist, ein Thema "im Gleichschritt" mit der ganzen Klasse zu behandeln. In deinem Beispiel könnte man den Kindern die Möglichkeit geben, die Post mit geeigneten Aufträgen selber zu erforschen, dann werden sie sich diese Begriffe aneignen. Dabei müssten sie Briefe schreiben, Interviews führen oder ganz einfach spielerisch den Post-Wortschatz erweitern. Dabei ist es wichtig, dass alle Lehrpersonen, inkl. DaZ-Lehrerin, die Heilpädagogin und Fachlehrerinnen am gleichen Thema arbeiten. Leider ist es immer noch oft so, dass die vier bis fünf Bezugslehrpersonen eines schwachen Schülers mit Migrationshintergrund ihr eigenes Süppchen kochen.

Die Lernziele müssen dabei transparent definiert und dem Niveau angepasst werden. Sie müssen so formuliert werden, dass sie erreichbar sind. Wir haben in unserem Denken die Vorstellung, dass alle Kinder zum Beispiel den Weg eines Briefes kennen müssen. Dieses Denken des «Was die Kinder erreichen oder verstehen müssten» verhindert das Lernen für das schwächste Drittel der Klasse.

Du hast ja ein spezielles Konzept entwickelt. Könntest du uns davon berichten?

Ich muss vorausschicken, dass das Konzept nicht neu ist. Ich setze einfach neu zusammen, was es schon längst gibt. Während meiner Ausbildung in den 80-er Jahren habe ich Schulen besucht, die genau so unterrichtet haben, wie ich das hier vorstelle. Viele Privatschulen, Sonderschulen und einige wenige öffentliche Schulen arbeiten heute so. Die öffentliche Schule tut sich leider schwer damit, obwohl sie wüsste, dass es effektiver wäre.

Es ist ein inklusives Konzept, bei dem es darum geht, dass sich alle Kinder, auch die schwächsten, wohlfühlen und lernen können. Ein inklusiver Unterricht lässt einen Besucher nicht sofort erkennen, welche Schülerinnen und Schüler schwach, welche stark, langsam oder schnell sind.

Im Fokus steht das Ziel, das Lernen dem Kind zu übergeben. Ich gebe einen Input, öffne also sozusagen eine Türe und das Kind kann dann loslegen. Was ich nicht übergebe, sind die Organisation, die Regeln und die Ziele. Wir müssen die Erwartungen setzen, wir überprüfen Lernfortschritte und geben Rückmeldungen. Es ist also kein «Laisser-faire», was ja oft als Kritik entgegengebracht wird, wenn man von offenen Lernarrangements spricht. Die Kinder machen nicht einfach was sie wollen, sie lernen sich zu entscheiden, was sie tun wollen. In der Welt der Erwachsenen müssen wir uns auch immer wieder entscheiden, was wir wollen, und wenn man das kann, ist das eine Kompetenz.

Es gibt fünf wichtige Elemente, welche zum Konzept gehören. Diese möchte ich kurz vorstellen.

1. Jedes Thema muss mit einem Überblick, einem «Advance Organizer» beginnen. Ich muss den Kindern also anhand einer Art Lern-

landkarte vorstellen, womit sie sich in der nächsten Zeit beschäftigen werden. Dadurch können sich besonders die schwachen Kinder orientieren und sehen, wie viele Unterthemen es hat. Sie können damit für sich überprüfen, was sie bereits kennen und bei welchem Teilgebiet sie noch gar nichts kennen. So funktioniert auch unser Hirn. Es ist vernetzt und muss neue Dinge darin anbinden können.

2. Sehr oft beginnen wir die Themen mit Frontalunterricht, also mit direkten Instruktionen. Diese eröffnenden Anweisungen und Erklärungen sind sehr wichtig. In dieser Phase müssen wir darauf achten, dass wir nicht davon ausgehen, dass das alle verstehen. Am besten gehen wir davon aus, dass alle ZuhörerInnen andere innere Bilder entwickeln. Kontrollfragen machen nur Sinn, wenn sie offen sind: «Was hast du verstanden? Was ist dir hängengeblieben? Was hat dich beeindruckt?» Mit solchen offenen Fragen können sich alle wohlfühlen und dabei sein, sie stellen niemanden bloss und ermutigen zum Weiterforschen.

3. Ich gebe den Kindern Pläne, und zwar nicht solche zum Abarbeiten, sondern zur Auswahl. Die Pläne müssen in verschiedene Schwierigkeitsstufen gegliedert sein. Das gibt natürlich viel Arbeit für die Lehrperson. Mit der Zeit wissen die Kinder genau, womit sie beginnen können, damit sie Erfolg haben werden. Wir bezeichnen die Schwierigkeitsstufen mit E-B-O-P, Einführung – Basis - Orientierung - Panorama. Wir haben die Erfahrung gemacht, dass die Schüler sich sehr schnell daran gewöhnen und dann auch wirklich auf ihrem Niveau arbeiten. Die Kinder müssen wissen, was sie lernen, deshalb müssen diese Pläne ans Lernziel geknüpft sein. Sobald die Kinder etwas gelernt haben, zeigen sie dies sofort und nicht erst zwei Wochen später, wenn es alle verstanden haben. Man merkt dann vielleicht, dass man den vorherigen Schritt nicht mehr versteht. In einem solchen Fall geht das Kind wieder zu diesem Thema

zurück und setzt sich nochmals damit auseinander. Die Selbststeuerung ist sehr zentral für den Lernprozess.

4. Eine forschende Haltung ist für das Lernen Gewinn bringend. Das haben viele andere bereits beschrieben und praktiziert. Ich habe zum Beispiel mit der Methode von Ruf-Gallin gearbeitet, dem dialogischen Lernen. Die Autoren gehen davon aus, dass Kinder aufgrund von sogenannten Kernideen einen Stoff selber erforschen können. Dazu führen die Kinder ein Journal, eine Art Tagebuch, in dem authentisch steht, was sie gemacht haben, was sie als nächstes vorhaben, was sie können, was sie nicht können, was sie gerne machen, und so weiter. Durch diese Authentizität kommt man sehr nahe an den Lernprozess heran.

5. Das kooperative Lernen gibt es seit Jahrzenten. Ich finde es schade, dass man manchmal eine ganze Klasse «zwingt», kooperativ zu lernen, denn diese Lernform entspricht nicht allen. Es gibt Kinder, die das gar nicht mögen, weil sie lieber alleine lernen. Klar, sie sollen einige kooperative Lernformen kennen und ab und zu diese Erfahrung machen, aber wenn sie über ein Jahr lang nur kooperativ lernen müssen, ist das nicht zielführend. Ich würde den Kindern mehr Wahlfreiheit zugestehen, ein Thema in einer Gruppe oder alleine zu erarbeiten.

Was sehe ich, wenn ich eine Schule, die nach deinem Konzept arbeitet, besuchen würde?

Eine solche Schule bietet offenen Unterricht an. Es gibt längere Lernsequenzen von mindestens 60 Minuten, während denen die Schüler in ihrem eigenen Tempo und auf ihrer persönlichen Schwierigkeitsstufe arbeiten. Sie sollen nicht mitten im Lernprozess aufhören müssen. Ein komplexes Thema kann nicht innerhalb von 15-30 Minuten bearbeitet werden. Ich beobachte oft, dass schwache Schüler erst nach 20 Minuten einen Weg gefunden haben, wie sie lernen können. Sie brauchen manchmal eine lange Phase der Ermutigung und Hinführung zum Thema, bis sie wirklich produktiv sind. In unseren 45-minütigen Lektionen ist dann die Stunde um. Dies ist ein wesentlicher Faktor, warum schwache oder langsame Schüler weniger Fortschritte machen.

Die Schüler haben einen gut eingerichteten Arbeitsplatz und sie können nach Wahl alleine oder in Gruppen lernen. Ebenso besteht die Wahlmöglichkeit, selbständig forschend oder begleitet instruiert zu arbeiten. Wer Fragen hat, kann andere Expertenschüler fragen oder einen sogenannten "Info-Point" konsultieren wo alle wichtigen Themen schriftlich erklärt sind.

Wenn ein Schüler zum Beispiel in Bezug auf ein Lernziel etwas kann, dann zeigt er dies einer Lehrperson, wir nennen das «Checkpoint». Im Ordner "Das kann ich" sammeln wir die Fähigkeiten, indem das Kind ein Feld anmalt oder ein Kreuzchen setzt, zum Beispiel: «Ich kann schriftlich subtrahieren». Das ausgemalte Feld gilt solange, bis festgestellt wird, dass man das Thema nochmals üben muss. Dann setzen wir dahinter einen Punkt.

Natürlich ist es aufwändig, solche Kompetenzraster für ganze Klassen zu führen. Das ist aber auch nicht nötig. Oft setzen die Schülerinnen und Schüler die Kreuzchen selber, die sie auf Grund von bestandenen Checkpoints machen können. Der Kompetenzraster wird nie vollständig sein und ist für über die Hälfte der Klasse auch nicht nötig. Aber wenn Kinder wissen wollen, ob sie etwas können oder sie diese Übersicht einfach schätzen, dann machen diese Protokolle Sinn. Damit streben wir den Perspektivenwechsel an: Im Zentrum steht nicht mehr die Note, sondern, dass ein Kind etwas kann.

Eines meiner Vorbilder ist die Grundacherschule in Sarnen, eine Privatschule, an welche die Eltern ihre Kinder mit Überzeugung hinschicken. Das ergeben natürlich andere Bedingungen als an einer öffentlichen Schule. Aber auch an öffentlichen Schulen werden solche Konzepte umgesetzt:

Bereits das Eintreffen in die Schule verläuft anders. Es gibt ein Zeitfenster, während dem die Schülerinnen und Schüler in der Schule ankommen müssen. Sie sitzen dann nicht einfach ab und warten, was die Lehrerin heute mit ihnen vorhat, sondern sie beginnen gleich mit irgendeiner Aufgabe, sei es die Hausaufgaben abzugeben, in einem Buch etwas nachzulesen oder ein begonnenes Thema weiter zu bearbeiten. Dann sammeln sich alle im Kreis. Der Tag wird besprochen, Neuigkeiten ausgetauscht und gesungen. Ebenso werden neue Themen eingeführt. Jedes Kind bekommt einen Überblick für den Tag, was Sicherheit gibt und das Lernen enorm unterstützt. Wenn eine Phase der Einführung ansteht, müssen die Kinder nicht bis zum Schluss zuhören. Diejenigen, die verstanden haben, worum es geht, können gerade loslegen und müssen nicht warten, bis es alle verstanden haben. Es heisst also kaum: «Geht alle an den Platz und startet», sondern: «Startet, wenn ihr wisst wie's geht.»

Die Lernzeit dauert etwa 60 bis 80 Minuten, was natürlich je nach Thema zu lange ist, um dranzubleiben. Anstatt einer klassischen Pause machen die Kinder einfach etwas Anderes, wenn sie nicht mehr mögen. Die Pause besteht also in der Abwechslung, wobei die Arbeitsphase innerhalb der Klasse nicht unterbrochen wird.

Wie könnten öffentliche Schulen ein Konzept, wie du es vorschlägst umsetzen?

Solche Konzepte kann man nicht einfach von heute auf morgen umsetzen. Es braucht ein konstantes Team, das während drei bis vier Jahren ihre Schule auf dieses Ziel hin entwickelt. Glücklicherweise sind wir dran, das Einzelkämpfertum aufzugeben, denn alleine kann man heute nicht mehr unterrichten. Oft wird moniert, dass viele Lehrpersonen die notwendige Haltung nicht mitbrächten, damit das Lernen den Kindern übergeben werden kann. Das mag sein. Ich schlage vor, dass in kleinen Schritten neue Unterrichtselemente eingeführt werden, die ein Grossteil des Teams unterstützt, zum Beispiel die Einführung von Checkpoints. So kann eine Haltungsänderung bewirkt werden, wenn die Lehrpersonen merken, dass auch ihre Schülerinnen und Schüler neue Kompetenzen eigenständig feststellen können.

Man darf auch nicht vergessen, dass es nur geht, wenn die Eltern mit im Boot sind. Sie sind über alle Schritte und Zielsetzungen genau und regelmässig zu informieren. Ohne deren Unterstützung funktioniert es nicht.

Was ist die Hauptbedingung, dass man sich auf den Weg machen kann?

Wahrscheinlich ist es die Fähigkeit, Altes loslassen zu können. Es ist nicht möglich, noch mehr zu tun. Wir machen schon extrem viel, aus meiner Sicht zu viel. Wir müssen uns gut überlegen, worauf wir verzichten können. Da werden vielleicht die klassischen Prüfungen daran glauben müssen. Wir verwenden sehr viel Zeit dafür, aber die Prüfungen produzieren nicht unbedingt Wissen, sondern nur Noten. Ich zitiere da gerne Winfried Kronig: «Wollen Sie, dass das Kind viel lernt, oder dass es gute Noten hat?» Das provoziert natürlich und lässt einen denken, dass es da keinen Zusammenhang gibt. Dieser ist jedoch erwiesenermassen nur klein.

Die Hauptkritik kommt von den Lehrmeistern und den Anschluss-schulen. Ich kenne viele Lehrbetriebe, die mir sagen, sie wollen Jugendliche, die selbstbewusst und eigenständig sind, die Kommunikationsvermögen mitbringen, die wissen, was sie können, die Entwicklungen angehen können, die reflektieren können, und so weiter. Sie wollen nicht in erster Linie solche mit guten Noten. Sie schauen je länger je weniger auf die Noten, die kann man also wirklich vernachlässigen.

Unser jetziges Schulgesetz erlaubt es auch, auf Noten zu verzichten. Das einzige, was wir geben müssen, sind die Zeugnisnoten. Diese kann man gut aus Kompetenzrastern zusammenstellen, indem man überprüft, was ein Kind kann und wie viele Fortschritte es in dieser Zeit gemacht hat. Das wäre absolut im Sinne des jetzigen Zeugnisreglements und würde die Eltern freuen, weil es letztendlich authentischer und ehrlicher ist als ein Durchschnitt aus vier konstruierten Prüfungen, die mit dem individuellen Lernfortschritt wenig zu tun haben.

Ich wünsche uns zum Schluss mehr Mut und Vertrauen in uns und die Kinder. Lernen und Entwicklung braucht Mut, weil man sich dabei in ein Gebiet begeben muss, das man nicht kennt. Damit beginnt Lernen erst - im Sinne des Doppeldeckers - für das Lehrerteam, sowie für Schülerinnen und Schüler. Alles andere ist nicht Lernen, sondern Beschäftigung. Eine Untersuchung hat gezeigt, dass der sogenannte Beschäftigungsgrad in Schulen bei ungefähr 80 Prozent liegt, der Anteil neuer Lerninhalte also nur 20 Prozent beträgt. Das ist erschreckend. Ich wünsche mir, dass man sich aufmacht und den Mut hat unsere Schülerinnen und Schüler vermehrt lernen zu lassen.

Ich wünsche, dass man mehr Theater spielt, zumindest eines jährlich. Das Fach Theater fehlt. Ebenso machen wir im Allgemeinen zu wenig Musik. Ich ermutige dazu, dass man als Klasse auch mal in ein Thema einzusteigen wagt, auf das man nicht vorbereitet ist und es damit gemeinsam erforscht. Dann findet echtes Lernen statt. Lernen sollte wie eine Forschungsreise angesehen werden, bei der man eben nicht weiss, wohin wir kommen und was uns begegnet. Diese Reise kann man nicht rekognoszieren. So ist es auch in der Schule: Wir können nicht rekognoszieren, wo wir hinkommen. Das macht unseren Beruf spannend und lebendig.

Interview mit Uta Henrich

Uta Henrich gilt im deutschsprachigen Raum als Expertin für die Zukunft des Lernens. Sie ist überzeugt, dass Lernen im 21. Jahrhundert nicht mehr vorgeschrieben und verordnet werden kann, sondern anders gestaltet werden soll.

Durch eigene Lern- und Lehr-Erfahrungen hat sie sich ein grosses Wissen angeeignet, welches sie in Form von Seminaren, Vorträgen sowie Beratungen online und offline weitergibt.

www.wundersameslernen.de

Auf deiner Facebook Seite postest du regelmässig Artikel, die zeigen, dass Lernen mehr ist als Pauken und sich Wissen aneignen. Wie bist du denn zu dieser Erkenntnis gekommen?

Im Grunde hat das für mich mit dem Kontakt zu meinem ersten Pferd angefangen. Als ich etwa 15 Jahre alt war, habe ich ein Pferd gehabt, das war der Charly. Ich hatte grosse Probleme mit Charly. Er hat oft gebuckelt, ist durchgegangen und hat mich manchmal wirklich in lebensgefährliche Situationen gebracht. Meine Eltern haben mir dann gesagt: «Du kannst das Pferd nicht behalten, das bringt dich noch um.» Sie wollten, dass das Pferd verkauft wird. Ich aber wollte das nicht, denn ich liebte Charly heiss und innig. Ich habe mich dann auf die Suche nach einer Möglichkeit gemacht, damit ich ihn behalten konnte. Dann bin ich zufällig auf eine Anzeige gestossen, wo jemand Problempferde suchte, um damit eine Art Untersuchung zu machen.

Ich habe dort angerufen und bin Linda Tellington Jones begegnet, die ich heute als meine erste Mentorin bezeichne. Schon der erste Kontakt war etwas ganz Besonderes. Ich war ja Jugendliche damals und sie ist mir auf Augenhöhe begegnet, hat mich angehört mit all meinen Problemen. Sie hat mir ein gutes Gefühl gegeben in der Art und Weise, wie sie mit mir geredet hat. Das hat mich damals sehr berührt, denn das war etwas, das ich nicht aus der Schule kannte, diese Art der Herangehensweise, wie man mit mir als jungen Menschen geredet hat.

Dann haben sie also mein Pferd angeschaut und es wurde sehr schnell klar, dass das Pferd Probleme in seinem Körper hatte. Es war aus Irland importiert und hatte viel Stress erfahren. Diesen Stress hatte es in seinem Körper getragen. Wann immer ich etwas «verkehrt» gemacht habe, explodierte Charly einfach, weil er nicht anders konnte.

Mir wurde dann gezeigt, was ich ihm machen konnte und er hat sich innerhalb von 14 Tagen komplett verändert. Für mich war das damals eine Art Initiation, mein Denken zu verändern. Ich war dadurch berührt, dass man mir so mit Herz begegnete und ich habe angefangen zu forschen, was sie dort machten; ich wollte das lernen und verstehen.

Linda Tellington Jones hat mir dann etwas von der Feldenkrais - Methode erzählt und dass sie die Ideen davon auf die Arbeit mit Pferden übertragen hatte. Auch das hat mich interessiert. Darum habe ich angefangen, mich mit der Feldenkrais - Methode zu beschäftigen, die sehr viel mit Lernen und mit dem Zusammenhang vom Körper, Lernen und Verhalten zu tun hat. Das alles hat mich auf meinen Weg gesetzt.

Heute verfolge ich das noch immer. Ich möchte gerne das verbreiten, was ich damals durch die Auseinandersetzung mit dem Pferd gelernt habe. Nämlich, dass Lernen für mich etwas ganz Anderes ist, als ich es selber erfahren habe und als man es mir an der Uni - ich habe Diplom Pädagogik studiert – beigebracht hatte. Diese Ideen von Lernen, die man mir während meiner Ausbildung nahebrachte, passten da nicht zusammen. Ich habe immer in diesem Ungleichgewicht gelebt und habe gedacht, das muss irgendwie anders gehen und diesem Weg bin ich einfach gefolgt.

Kannst du erklären, was deiner Meinung nach Erwachsene tun können, um den Kindern dieses Lernen, das Lernen als unerschöpflichen Prozess, zu ermöglichen?

Momentan sind stark die Ideen im Vordergrund, dass wir das Lernen hervorbringen müssten oder dafür sorgen müssten, dass es passiert. In dieser Zeit ist es eher ein bisschen schwierig, sich zurückzunehmen und Beobachter zu werden und zu gucken, wie Kinder was machen. Und das fängt in meinen Augen wirklich bei den ganz Kleinen an.

Mir fällt da gerade eine Situation als Beispiel dazu ein: Den Übergang vom Stillen zum selber Essen. Irgendwann ist mir bei meinen Kindern aufgefallen, dass sie, wenn sie anfangen mit den Händen oder vom Löffelchen selber zu essen - wenn man sie lässt - zwischendurch immer wieder den Finger in den Mund nehmen und daran saugen, dann wie nach innen gucken und dann weiter essen.

Das habe ich bei all meinen Kindern beobachtet und ich habe mich immer gefragt, was das ist. Bis ich irgendwann auf die Idee kam, dass das Kind «lernt» wahrzunehmen, wann es satt ist. Es ist also gewohnt, dass es durch dieses Saugen irgendwann satt ist. Dann fängt es aber an, andere Sachen zu essen, wie kleine Äpfelchen, Bananen oder was auch immer. Das ist dann aber eine ganz andere Bewegung, das heisst es hat etwas mit Kauen zu tun, man bewegt etwas im Mund hin- und her. Das hat etwas mit einem ganz anderen Gefühl von Schlucken zu tun. Ich habe dann gedacht, die Kinder brauchen es, zwischendurch den Finger in den Mund zu stecken, zu saugen und nach innen zu gehen, um zu spüren, ob sie satt sind. Und wenn sie diese Verbindung gemacht haben oder vielleicht im Gehirn diese Vernetzung neu gemacht haben, dann können sie irgendwann essen und müssen nicht mehr zwischendurch den Finger in den Mund stecken.

Das ist für mich ein Beispiel um zu sehen, dass das Lernen völlig anders geht, als wir meinen. Das ist etwas, dass du jemandem nicht erklären kannst. Das ist etwas, das du beobachten kannst. Du kannst auch keine Methode daraus machen. Aber es ist für mich einfach so ein Beispiel dafür, dass es Sinn macht hinzuschauen, zu beobachten, sich Fragen zu stellen. Auf die Frage zurückkommend heisst es für mich: Viel mehr aus dem Weg gehen, viel mehr beobachten, viel mehr wahrnehmen was ist, anstatt zu meinen, dass ich jetzt weiss wie es geht.

Wie lernen denn Schulkinder deiner Meinung nach am besten?

Ich glaube, dass man das Beispiel mit dem Kleinkind dahin übertragen kann. Auch hier ist es so, dass wir sehr konkrete Vorstellungen dafür haben. Wir meinen immer zu wissen, wie es geht, sei es mit diesen 45-Minuten Einheiten oder in Form von den Hausaufgaben. Wir denken, das Lernen auf irgendetwas ausrichten zu müssen. Dabei glaube ich, dass das viel vernetzter stattfindet und viel mehr in den Zwischenräumen als, wie viele meinen, dass es geradeaus geht.

Ich habe ein anderes Beispiel dazu. Mein jüngster Sohn ist in der Montessori Schule eingeschult worden und hat sehr schnell gelernt. Innerhalb von drei Wochen konnte er viele Buchstaben und er konnte sich auch innerhalb von den ersten Wochen im Zahlenraum bis 200 bewegen. Dann hat er die Schule gewechselt und ist nach England in die Schule gegangen. Als er dann das erste Mal nach Hause kam - er war in einem Internat - habe ich gemerkt, dass er ein paar Wochen später nicht mehr lesen und rechnen konnte. Wenn ich nicht schon wüsste, dass Lernen sich ganz anders vollzieht, dann wäre ich vielleicht gestresst gewesen. Aber ich war es nicht, weil ich wusste, dass sein ganzes Nervensystem und sein ganzes Sein in diesen Wochen, als er in England war, sich auf andere Dinge ausgerichtet hat. Er lernte, in einer fremden Umgebung klarzukommen, er hat mit Menschen in einer anderen Sprache, die er nicht so konnte, Zeit verbracht.

Ich sehe das heute für mich so, dass seine Aufmerksamkeit, sein Nervensystem in dieser Zeit einfach in eine andere Richtung ging und sich da verstärkt eingesetzt hat. Das andere war ja noch da, aber es hat sich einfach für den Moment verlagert. Und irgendwann verbindet sich das dann wieder und kommt wieder zusammen.

Also antwortend auf deine Frage, bedeutet das für mich, dass ich es für total wichtig halte, dass wir nicht so geradeaus denken und meinen, das Lernen müsste nach einer logischen Folge verlaufen. Alles hat doch ganz verschiedene Aspekte und kommt von ganz verschiedenen Richtungen auf das Kind zusammen.

Jetzt würde ich gerne noch eine Art Gegenfrage stellen: Was können wir unterlassen, damit wir dieses Lernen, das du beschreibst, ermöglichen?

Ich würde es für wichtig halten, wenn wir als Eltern, vielleicht auch als Pädagogen und Lehrer unser «immer bereits Wissen» weglassen würden. Und das geht in die ähnliche Richtung, wie ich es vorher schon gesagt habe, dass wir uns nämlich ein bisschen rausziehen aus dem Prozess und zulassen, wie sich das in dem Kind vollzieht. Also wieder: Mehr beobachten, mehr gucken, wie es sich im Kind vollzieht und das gewähren lassen.

Erwachsene haben oft viele Ängste, dass das Kind es nicht richtig oder zur richtigen Zeit lernt und keine gute Noten hat und all diese Dinge. Wir sind immer sehr stark in der Zukunft, wir meinen immer, das Kind in eine bestimmte Richtung schubsen zu müssen. Ich glaube, es braucht mehr Gelassenheit und Vertrauen. Es geht darum, dass das Kind seine Einzigartigkeit entfaltet, so wie es ist und ich einfach nur den Raum dafür gebe. Dann, glaube ich, ist total viel gewonnen.

Ich tue mich sehr schwer mit all den Bemühungen von uns Erwachsenen, immer dran sein zu müssen und zu meinen, wir müssen etwas im Kind hervorbringen oder es unterstützen oder grad noch einen drauflegen, dass es das auch noch kapiert und hier noch eine Bemerkung machen.

Mir ist es total wichtig, dass die Kinder in ihrer ganz eigenen Wahrnehmung und Lernzeit sein können. Ein Beispiel dazu ist jetzt vielleicht auch wieder aus der Kleinkindzeit, aber das macht es deutlich,

wenn du es auf die Schulzeit überträgst. Wenn ich mit einem Kleinkind spazieren gehe, dann ist es wichtig das Kind zu beobachten,
was es sieht. Es kann sein, dass es eine Schnecke sieht und ein Blatt
oder irgendwas und sich damit beschäftigt. Und damit lasse ich das
Kind auch, weil es in dem Moment damit beschäftigt ist. Aber mein
Erwachsenen-Mind meint dann, ich müsste dem Kind sagen: «Guck
mal, hier ist ein Baum.» oder «Guck mal, da ist ein Wurm, hast du
ihn gesehen?» - als ob ich immer da dranbleiben müsste, dass es das
noch wahrnimmt und das noch sieht, das noch versteht und was
weiss ich noch alles. Aber darum geht es nicht, sondern es geht darum, zu ermöglichen, dass es in dem Kind passieren kann, so wie es
in dem Kind ist.

**Du bietest ja auch Beratungen an. Mit was für Fragen kom-
men Menschen zu dir?**

Das sind verschiedene Sachen. Ich gehe mal davon aus, dass Erwachsene ein Wissen darüber haben, dass Lernen, so wie sie es selber erfahren in der Schule haben, nicht unbedingt förderlich war.
Sie merken vielleicht, Schule ist wichtig, ich habe da das und das
gelernt, aber für meinen eigentlichen Prozess war es schwierig. Ich
habe viel mit Eltern zu tun, die das spüren und die das eigentlich
auch gerne an ihr Kind weitergeben möchten, aber das Kind nun
mal aus irgendwelchen Gründen auch immer in diesen Strukturen
drin ist und das ist dann nicht in der Balance. Die Eltern wünschen
sich etwas Anderes und können es im Moment vielleicht nicht hervorbringen für ihr Kind, weil sie nicht wissen wohin. Oder es kann
sein, dass das Kind nicht zufrieden ist in der Schule oder dass es in
der Schule Probleme gibt. Also ich helfe quasi, dass die Eltern mehr
Klarheit bekommen und sich sortieren können, wie es anders sein
könnte, wenn sie sich in eine andere Richtung begeben möchten.

Ich helfe Eltern, wenn es Schwierigkeiten gibt im Kindergarten oder in der Schule und kann ihnen ermöglichen, einen anderen Blick auf die Dinge zu bekommen. Ich helfe, wenn Eltern Schwierigkeiten mit Kleinkindern oder Schulkindern im Alltag haben, wenn es sehr stressig ist und Dinge nicht einfach so laufen, wie sie sich das vorstellen. Dann bin ich da. Und ich tue das im Wesentlichen online und in manchen Fällen kommen die Leute zu mir hierher.

Kannst du eine Situation beschreiben, die häufig vorkommt?

Eltern, die zu mir kommen und mir ihre Anliegen beschreiben sind meistens Eltern, die sich selber auch ein anderes System für ihr Kind wünschen. Das sind oft Eltern, die zuhause eine Art miteinander pflegen, dass sie gerne auf Augenhöhe mit ihren Kindern sind und dass sie gerne eine andere Form von Miteinander leben als sie vielleicht in ihrer Kindheit selber erfahren haben oder als sie es aktuell für ihr Kind in der Schule erleben. Zum Beispiel werden zuhause am Frühstückstisch Dinge besprochen und Dinge werden gemeinschaftlich für die Familie entschieden. Man ist also in Diskussion miteinander und in der Beziehung entwickelt man Dinge gemeinsam. Natürlich gibt es auch manchmal Stress im Alltag oder andere Probleme, aber solche Familien finden Wege und Möglichkeiten, um miteinander zu reden und Dinge zu entwickeln.

Dann kann es passieren, dass solche Eltern in der Schule das Problem haben, dass man dort ganz anders mit ihren Kindern umgeht und dann leiden die Kinder darunter, weil die Kinder unter Umständen nicht so in der Form gesehen werden, wie sie es vom Elternhaus her gewohnt sind. Das bringt dann Probleme, auch für die Eltern, weil sie eigentlich der Meinung sind, dass ihr Kind frei und selbstbestimmt lernen sollte, dass es die Hausaufgaben selber macht und so weiter. Sie lassen also die Verantwortlichkeit im grossen

Mass beim Kind und das kollidiert dann unter Umständen mit dem Anspruch der Schule, wenn der Lehrer zum Beispiel meint, die Eltern müssten sich doch hier einsetzen oder dafür sorgen, dass die Hausaufgaben gemacht werden und dass der Schulbeutel dabei ist. Aber dabei haben die Eltern vielleicht die Idee, dass das Kind selber daran denken sollte, den Schulbeutel mitzunehmen. Alleine bei diesen Beispielen zeigt sich eine ganze Menge Konfliktpotenzial. Dann helfe ich Eltern in eine Klarheit zu kommen, wie sie sich verhalten können, wie sie einfach zu mehr Frieden in ihrem Alltag zuhause kommen, wenn diese Dinge so aneinander reiben.

Das kann ich sehr gut nachvollziehen, gerade das Beispiel mit den Dingen, die man mitbringen sollte. Mein Sohn war oft sehr vergesslich und ich habe mir immer überlegt, ob ich ihm helfen sollte, indem ich ihn daran erinnere oder ihn einfach machen lassen sollte - mit all den Konsequenzen (Bestrafungen). Weil die Konsequenzen in meinen Augen aber oft kontraproduktiv waren, habe ich mir dann einfach gesagt, ich mache das schnell und packe die Sachen für ihn ein. Dies aber im Wissen darum, dass ich persönlich finde, dass ein Kind so keine Selbständigkeit erlangt.

Es kann dir aber auch passieren, dass man von der Schulseite her von den Eltern erwartet, dass du dafür sorgst, dass das Kind alle Dinge dabeihat. Und dann steht dein Kind genau dazwischen. Wenn du die Meinung hast, dass es nicht deine Verantwortlichkeit ist, und auf der anderen Seite ist da die Schule, die meint, dass Eltern das leisten müssten, dann ist das Kind der Leidtragende. Es sind genau Fragen dieser Art, die Eltern und auch die Kinder sehr belasten. Da hilft manchmal Klarheit im Gespräch und es ist wichtig, dass die Eltern dann einen sicheren Standpunkt finden und sich anders einsetzen können. Denn was passiert, wenn sie den nicht haben? Nicht nur für das Kind, sondern auch für die Eltern ist es dann, wie wenn sie ständig hin- und hergezogen würden, wie an einem Gummiband: Wie mache ich es nun richtig, wie unterstütze ich es nun richtig? Muss ich es so machen oder anders?

Ich erlebe aber auch Eltern, die eine grosse Klarheit haben. Sie sagen einfach, ich tue das nicht und kommunizieren das auch so in der Schule: «Das ist die Verantwortlichkeit von meinem Kind. Ich bin treusorgende Mutter, ich mache das so und ich möchte da nicht hineingezogen werden.» Und natürlich gibt es auch Eltern, die sehen das eher als ihre Aufgabe an. Alles ist ok auf eine Art, aber es braucht auch eine Klarheit. Sonst wird man durcheinandergebracht in dem System und das bringt einfach Stress in die Familie rein.

Berätst du auch Lehrer und Pädagogen?

Im Wesentlichen kommen Eltern zu mir. Es passiert aber, dass Pädagogen oder Erzieher in meinen Seminaren sind. Aber es ist nicht so, dass ich in die Schule gehe. Vielleicht würde ich das gerne mal tun.

Hier möchte ich noch etwas ergänzen. Ich war an einem Elternabend als Sprecherin. Da ist mir einfach aufgefallen, wie schwer sich Dinge in der Schule verändern können, wenn sowohl Eltern, als auch Pädagogen und Erzieher davon ausgehen, dass wir alles bereits wissen. Ich möchte mich sehr stark machen dafür, dass wir das eine oder andere vielleicht wirklich neu erfinden müssen im Umgang mit den Kindern oder uns darüber Gedanken machen müssen. Das gibt uns nämlich eine andere, demütigere Haltung. Dann bin ich wieder bei dem, was ich am Anfang erzählt habe, dass es eigentlich mehr darum geht, zu beobachten und zuzulassen. Weil sich so das entfalten kann, was in den Kindern drin ist. Wenn ich meine zu wissen, wie es sein sollte oder könnte, dann können viele Dinge nicht passieren. So erlebe ich das auch oft an Elternabenden gegenüber Eltern, wenn Erzieher und Pädagogen ein grosses Wissen haben und meinen, dass das Eltern nicht haben.

Ich würde mir wünschen, dass es insgesamt ein bisschen mehr Demut gibt beim Lernprozess. Dafür möchte ich mich gerne einsetzen. Ich habe das mit dem Wundersamen Lernen gegründet und dabei das Wort «WUNDERSAM» dem Wort Lernen dazugestellt, weil ich den Begriff «Lernen» öffnen wollte. Denn den Begriff «Lernen» assoziieren viele immer noch mit «Pauken», «Druck» und «Stress». Da fehlt mir das Wundersame: Alles, was wir noch nicht wissen. Dazu müssen wir die Dinge neu betrachten, damit Kinder überhaupt in die Lage versetzt werden, ihr Potenzial entfalten zu können. Wenn das Pauken und der Druck und das «bereits Wissen» so stark sind, dann kann das nicht blühen, dann ist es, als ob ein Stein auf einem Pflänzchen oben aufliegt und so kann es nicht wachsen.

Ich wünsche mir also mehr Miteinander zwischen Eltern und Pädagogen.

Interview mit Daniel Hess

Daniel Hess ist Autor des Buches „Glücksschule, glücklich leben & freudvoll lernen". Seine Erfahrungen aus dem Psychologiestudium und danach als Lehrer haben ihm gezeigt, dass Lernen gelingt, wenn der Mensch voller Vertrauen und angstfrei durchs Leben gehen kann. Er bietet eine Ausbildung als Beziehungscoach an und ist Gründer des Projekts „Glücksschule", das einen grundlegend neuen Ansatz an die öffentliche Schule bringen will.

www.glücksschule.ch
www.danielhess.ch
www.a-pg.ch

Du hast das Projekt Glückschule ins Leben gerufen. Wie bist du auf diese Idee gekommen?

Auf die Idee haben mich eigentlich die Schüler an der Berufsschule gebracht. Ich kann mich noch erinnern, am ersten Schultag waren es nur 16 Schüler. Vier von diesen sind zu mir gekommen, bevor wir gestartet sind und haben gesagt: «Nur dass Sie es wissen, wir werden es dann nicht schaffen. Wir können das nicht.» Das war für mich ein ganz einschneidendes Erlebnis nebst dem, dass mein Sohn drei Monate in der Schule in der ersten Klasse war und dort sehr unglücklich war. Er hat mir dann gesagt: «Wenn ich dort hingehe, dann werde ich krank.» Ein Punkt war auch, dass ich selber in der Schule hauptsächlich geträumt habe, also statt dem Stoff zu folgen, der mich damals gerade nicht interessiert hatte, habe ich eigene Geschichten entwickelt.

Ich brauchte dann lange im Leben, um das Träumen wieder wegzukriegen und wirklich zu leben. Nach 20 wollte ich das Abitur nachholen und habe dann mit einer grossen Freude und Begeisterung gelernt. Plötzlich war ich auch gut in der Schule. Das hat bei mir vieles verändert, weil ich gesehen habe, dass man alles formen kann, alles ist beweglich. Es gibt ganz viele Lernerfahrungen, die bewirken, dass man nicht mehr gerne lernt, aber es gibt auch Lernerfahrungen die eben genau das Gegenteil bezwecken. Für mich war es eindeutig so, dass ich eben gut selbstgesteuert lernen konnte. Ich habe ja die meiste Zeit zuhause gelernt, als ich das Abitur nachgeholt habe. Dieses selbstgesteuerte Lernen war für mich absolut grossartig und ich habe das dann auch mit meinen Kindern erlebt, die Homeschooling gemacht haben. Ich habe es dann eben auch in der Schule erlebt, als die Lernenden begonnen haben zu erkennen, dass Lernen Spass machen kann und dass man eben auch selbstbestimmt Dinge erarbeiten kann und dass sie mitbestimmen können, wohin es geht und wie genau sich das entwickelt und dass die Bedürfnisse aller Platz haben.

Ja, es gibt ganz viele Erfahrungen, die dazu beigetragen haben, dass sich mein Bild vom Lernen entwickelte. Ich würde mal sagen, dass wir alle ein Bild vom Lernen gelernt haben. Ursprünglich ist Lernen, glaube ich, das Natürlichste auf der Welt. Lernen ist an und für sich für Kinder natürlich. Lernen passiert in jedem Moment, dass weiss man auch aus der Neuropsychologie. Es ist schon fast Unmöglich etwas zu machen, damit Lernen nicht passiert. Die Offenheit und Neugierde der Kinder ist grenzenlos. Mit vier Jahren ungefähr 400 Fragen im Tag, das ist Einiges und zeigt, dass Kinder eben nicht faul geboren werden und nicht zum Lernen gezwungen werden müssen. Ich glaube, dass Lernen etwas so unglaublich Natürliches ist, das sich eben einfach entfaltet.

Wir haben durch unsere Prägungen oder Erfahrungen in der Kindheit und auch in der Schule ein Bild vom Lernen gelernt. Ich stelle mir das manchmal vor wie eine Schublade im Gehirn und in diese Schublade ist alles reingepackt, was wir zum Thema Lernen erlebt haben, was wir abgespeichert haben: Es ist mühsam oder anstrengend, es macht keinen Spass, man muss das, es dauert lange, man muss ganz viel üben, man muss sich manchmal etwas durchmogeln, es ist nur für die Prüfung wichtig und man kann es danach wieder vergessen, usw. Ich glaube, wir haben da ganz viel in dieser Schublade vom Lernen drin reingepackt. Aber das Wenigste davon hilft uns wirklich, mit Freude zu lernen. Ich bin dafür, diese Schublade gar nicht erst aufzubauen, sondern einfach diesen natürlichen Zugang zum Lernen zu erhalten.

Was verstehst du unter den Begriffen, «selbstgesteuert» und «selbstbestimmt»? Warum findet man dieses selbstbestimmte Lernen eher selten an den Schulen?

Es ist natürlich sehr abhängig vom Umfeld, von den Lehrpersonen und so weiter und ich möchte nie sagen, dass das an der Schule allgemein so ist. Aber tendenziell geht es eher in diese Richtung, dass das selbstgesteuerte oder selbstbestimmte Lernen, oder wie man das nennen will, eher einen kleinen Platz einnimmt. Und wenn, dann ist es eine abgeänderte Form von selbstorganisiert oder selbstgesteuert, wo man den Lernenden die Ziele schon vorgibt und sagt, sie dürfen dann sozusagen frei wählen, wie sie an das richtige Ziel kommen. Das ist nicht selbstorganisiert, das ist ein eher ein Versuch, das Selbstgesteuerte reinzunehmen. Aber das ist so nicht wirklich selbstgesteuert, weil das Ziel ja schon vorgegeben ist. Selbstgesteuert heisst, ich kann frei wählen, womit und wie lange ich mich beschäftige und bis wann ich irgendetwas erreiche. Und es sind meine Ziele und nicht diejenigen von aussen, die mir jemand vorgibt.

Ich glaube, an der öffentlichen Schule ist es meines Wissens weitgehend so, dass die Lernziele im Zentrum stehen und darauf baut sich dann der Stundenplan auf. Die ganze Unterrichtsplanung muss ja darauf ausgerichtet sein, die Lernziele zu erfüllen und wenn es auch nur für die Prüfung ist. Diejenigen, die sich gerade speziell für ein Thema interessieren und eine sensible Phase haben, für die ist es dann vielleicht wirklich gerade Lernen, was passiert. Aber für viele ist das Lernen, das dann passiert einfach kurzfristiges Wissenslernen, ein Wiedergabelernen, das danach aber auch wieder aus dem Leben verschwindet, weil es nicht integriert ist, nicht wirklich eine Erfahrung ist, sondern nur aufgesetzt ist. Und ich glaube, das bringt gar nichts, das ist eine Ressourcenverschleuderung. Selbstorganisiert heisst, es gibt eine innere Motivation, ein inneres Interesse, meistens dazu auch ein Talent für ein Thema. Diesem Thema möchte ich folgen, weil es mich gerade begeistert und es mich gerade interessiert. Das kann Lesen sein, das kann Mathematik sein oder das kann Schreiben sein. Das kann aber auch etwas ganz Anderes sein, zum Beispiel Fussball, wie ich einen Bach perfekt staue oder wie ich am besten auf einen Baum klettere.

Ich würde keine Bewertung vornehmen, welche dieser Lernformen wichtiger und sinnvoller für das Leben ist. Das ist eine weitere Beschreibung für selbstorganisiertes Lernen. Ich weiss nicht, ob jemand, der gut klettern kann und immer oben ankommt nicht ebenso gut oder besser gerüstet für das Leben ist, wie ein Mensch, der gut lesen kann. Also, jener der gut klettert, weiss, dass er immer irgendwie hoch und auch wieder runterkommt. Das ist auch eine Erfahrung. Wenn der Kletterer dann auch mal Lust hat zu schreiben oder zu lesen, dann wird er wissen, ich kann mir das auch beibringen, ich konnte das andere auch. Also dieses Bewusstsein «ich kann», «es ist möglich, dass ich lerne» finde ich ganz zentral. Es ist wichtiger als die Sachinhalte, als die Sachkompetenz. Diese Kompetenz «Ich vertraue meiner Fähigkeit, etwas zu lernen» scheint mir wichtiger zu sein und so kann ich mir immer wieder alles selber beibringen, was ich lernen muss und will.

Ich wünschte mir, dass alle Lernenden nach der Schule dieses Bewusstsein und dieses Vertrauen haben, und nicht nur die Hälfte, die über dem Durchschnitt ist. Ich weiss nicht, wieviel mehr man genau braucht, um durchzustarten im Leben. Wenn man dann noch in diesen Jahren, die man in der Schule verbringt auch glücklich war, also viele Glücksmomente erlebt hat, viele Momente der Verbundenheit, bedeutet das für mich Glück. Wenn man auch noch gelernt hat, was es heisst, glücklich zu leben und wenn man gelernt hat, im jetzigen Moment zu bleiben und nicht wegzudriften oder an die Vergangenheit oder Zukunft zu denken, dann ist die Chance gross, dass man das später als Erwachsener auch noch kann. Wer aber gelernt hat, 9 Jahre unglücklich zu sein, Opfer zu sein usw., wird möglicherweise Schwierigkeiten habe, später glücklich sein zu können. Das scheint mir ein wichtiger Punkt zu sein. Wir gehen immer davon aus, dass die Kinder sich während der Schulzeit ganz viel Allgemeinbildung aneignen müssen, um dann später glücklich werden zu können und damit später etwas Rechtes aus ihnen wird. Aber dann haben sie gelernt für später zu leben, auf später zu hoffen und das können wir alle sehr gut. Wir denken, irgendwann später fängt das Leben an, irgendwann, wenn ich das Haus dann habe, wenn ich verheiratet bin, wenn ich dann Kinder habe, dann fängt es dann an, dann wird es richtig gut und dann werde ich glücklich sein. Und wir warten und warten und der Verstand hat immer wieder etwas Neues, was er denkt, das braucht man noch zum Glücklichsein.

Wir haben eigentlich gelernt, dass Glück nicht jetzt ist. Ich möchte nicht, dass unsere Kinder das auch lernen, ich glaube nicht, dass uns das hilft.

Wie haben es denn deine Berufsschüler, die so entmutigt waren, trotzdem geschafft, ihren Abschluss zu erreichen?

Aus meiner Sicht ist das Wichtigste im Lehrer-Schüler-Setting die Beziehung, eine wirklich bestehende Beziehung, in der beide sich gegenseitig respektieren und ernst nehmen. Es geht mir nicht um das «Laissez-faire», selbstorganisiert heisst für mich überhaupt nicht «laissez-faire». Ich bin immer in Verbindung mit dem Lernenden, ich will ja sein Potenzial entfalten und helfen, seine Talente zu entfalten. Es geht mir darum, dass er spürt, da steht jemand hinter mir, der vertraut mir total und der gibt mir auch Rückmeldungen. Er gibt mir nicht Bewertungen und vergleicht mich nicht mit anderen. Aber er gibt mir Rückmeldungen, wenn er spürt, dass ich nicht ganz in meiner Energie bin, dass ich meinem inneren Plan nicht mehr folge, dem was ich wirklich möchte. Das brauchen wir alle, ich brauche das auch, das sind gute Freunde.

Lehrpersonen können eine solche Aufgabe übernehmen, davon bin ich überzeugt. Ich glaube, solche Bezugspersonen würde es an einer Glücksschule brauchen. Damals habe ich versucht, eine solche Bezugsperson für meine Lernenden zu werden, sie in ihrem inneren Potenzial zu stärken und ihnen am Anfang vielleicht mehr zuzutrauen, als sie sich selber zutrauten. Es ist wichtig, auch ganz viel über diese Themen zu sprechen und zu merken, das sind Gedanken oder Überzeugungen, das sind alte Erfahrungen, aber das heisst nicht, dass es gleich weitergehen muss.

Ich habe eine Erfahrung dazu. In der Schule hatte ich in Französisch grosse Probleme. Obwohl ich mehrere Jahre Französisch an der Schule gelernt hatte, konnte ich nichts. Als ich in Frankreich war, konnte ich mich mit keinem normalen Satz verständigen. Das ist ja auch eine Tragödie, wenn man bedenkt, wie viele Stunden ich da gesessen bin für dieses Thema. Das Einzige, was ich als Überzeugung mitgenommen hatte war, dass ich es eben nicht kann. Und das bremst mehr, als dass es hilft. Ich habe das Gefühl, es gab damals bei mir kein inneres Interesse das zu lernen. Die innere Motivation kam dann viel später, als ich eine Freundin aus Frankreich hatte. Dann habe ich ziemlich schnell Französisch gelernt und es gab eine deutliche innere Motivation und plötzlich habe ich gemerkt, dass ich Französisch ja liebe. Mein altes Bild von Französisch zerbrach in sich, hat sich aufgelöst und wurde durch etwas Neues ersetzt.

Ich glaube es ist immer möglich, alte Lernerfahrungen zu verarbeiten. Ich denke, dass es zum Teil traumatische Lernerfahrungen sind. Um diese Traumatas aufzulösen und sich wieder neuen Welten öffnen zu können, braucht es aber ganz andere Erfahrungen im Sinne von Bezugspersonen oder Lehrpersonen, die wirklich liebevoll auf die Lernenden eingehen und ihnen einfach immer wieder Unterstützung geben, damit sie ihr Potenzial entfalten und sich selber immer besser vertrauen. Es ist wichtig, sie auch zu begleiten, damit sie neue Möglichkeiten erkennen oder lernen, wie sie an den Lernstoff herangehen. Häufig haben diejenigen, die nicht so erfolgreich in der Schule sind, auch extrem schlechte Strategien gelernt, die ihnen überhaupt nicht helfen. Oder sie lernen im falschen Moment. Es gibt also viele Gründe, weshalb man nicht erfolgreich ist. Oft ist es auch ein Vermeidungsverhalten, im Sinne von, ich lerne lieber nichts, weil wenn ich dann versage, ist es weniger schlimm, als wenn ich alles gegeben hätte und ich versage dennoch. Das sind dann Muster, die wiederholend ablaufen. Solche Menschen sagen dann vielleicht: «Das interessiert mich alles sowieso nicht.» Das ist eigentlich nur ein Schutzprogramm, in Wirklichkeit steckt dahinter eine grosse Angst und ein grosser Schmerz, zu versagen und wieder zu versagen. Wenn man jahrelang Prüfungen geschrieben hat und ungenügende Noten hatte, wenn man das immer wieder erlebt, dann finde ich es absolut unzulässig. Ich finde, man sollte es keinem Menschen antun, dass er immer wieder Erfahrungen des Versagens macht. Wenn man wirklich möchte, dass möglichst alle Lernenden gestärkt ins Leben steigen und voller Vertrauen ihren Weg gehen, dann ist das sicher keine gute Strategie.

Du hast ganz viele Dinge erzählt, die auch mit dem Rollenverständnis der Lehrperson zu tun haben. Was sind deine Erfahrungen diesbezüglich?

Ich bin in einem Umfeld aufgewachsen, wo man nicht gesprochen hat. Ich habe also viel Sprachlosigkeit in meiner Kindheit erfahren. Ich habe grosse Schwierigkeiten gehabt, meine Bedürfnisse überhaupt zu spüren und noch grössere Schwierigkeiten, diese auch auszusprechen. Mein grosser Lernprozess war, als ich angefangen habe, in der Schule als Lehrer zu arbeiten. Im ersten Jahr habe ich von meinen Lernenden Rückmeldungen bekommen, die ganz schlecht waren. Ich war geschockt, weil ich gedacht und natürlich auch gehofft hatte, dass sie mich mochten. Sie mochten mich schon, aber sie haben sehr viel kritisiert. Ich habe das alles aufgeschrieben und ausgewertet. Immer wieder habe ich Fragebögen gemacht, weil ich ganz genau wissen wollte, was sie nicht gut fanden. Dann habe ich mir zusammen mit ihnen überlegt, was sie denn wirklich brauchen, damit sie sich wohler fühlen können und das Gefühl haben, besser wahrgenommen zu werden. Das war ein intensiver Lernprozess mit ganz viel schwierigen Gefühlen, die das auch in mir ausgelöst hat, weil ich natürlich Zweifel an meinen eigenen Fähigkeiten hatte. Es braucht eine gewisse Beharrlichkeit. Ich glaube, gute Lehrpersonen sind sehr selbstreflektierend. Ich habe das Buch über die Glücksschule bewusst auch deshalb mit ganz vielen Selbstreflexionsfragen geschrieben, weil es mir persönlich extrem geholfen hat, mich selber immer wieder zu reflektieren. Das war vielleicht der wichtigste Punkt, würde ich jetzt mal sagen.

Der zweite Punkt ist, dass ich gelernt habe, dass ich alles ansprechen muss. Wenn irgendetwas im Raum ist, was den Lernprozess blockiert, dann muss ich das ansprechen und nicht die Faust im Sack machen oder probieren, es irgendwie durchzuziehen. Also lieber sofort ansprechen und Lösungen suchen, die Bedürfnissen, die Gefühle und die Wünsche klar ausdrücken und dann aber auch aktiv zuhören, was gerade im Raum ist. Wenn ich all dies berücksichtigte, dann ging es meistens ganz einfach. Es ist eigentlich ganz natürlich, aber ungewohnt, weil wir meistens mit Macht arbeiten, wenn es schwierig wird. Meistens fallen wir in diese Muster, dass wir dann sagen: «Wenn ihr jetzt nicht das und das macht, dann passiert das und das.» Man kann man schon so agieren, aber man wird so erstens zum Polizisten und nicht mehr zur Lehrperson und zweitens besteht eine grosse Chance, dass die Lernenden zwar mitmachen, aber immer mit Widerstand. Das heisst, ein Teil der Energie geht dann in den Widerstand und das ist schade, weil es eigentlich viel besser wäre, wenn die ganze Energie ins Lernen oder in das, was jetzt da ist, investiert würde.

In der Schule muss man ja oft sehr schnell viele Entscheidungen treffen und den Stoff berücksichtigen. Wie kann ich trotzdem die Beziehungsebene mehr berücksichtigen?

Meine Erfahrung ist diese: Als ich dann etwas mehr Erfahrung hatte, habe ich begonnen, dem zu vertrauen, was sich im Moment zeigt. Wir hatten unsere Lernziele, die dann an der Lehrabschlussprüfung geprüft werden sollten, das ist klar. Meine Erfahrung war nun aber, wenn ich nicht mehr gegen den Widerstand einiger Lernenden gearbeitet habe, sind wir viel schneller gewesen. Ich habe beobachtet, dass alles was ich vorher vielleicht in zwei Tagen an Stoff reingebracht habe, plötzlich in einem Tag oder in einem halben Tag reinbringen konnte. Es hat mich beeindruckt, weil die Lernenden so präsent waren und weil das so viel einfacher ging, es ist wie geflossen. Ab dieser Zeit kamen dann wirklich alle gerne in die Schule und das hat auch nicht an meiner Person gelegen, sondern einfach daran, dass ich drangeblieben bin und dass wir zusammen immer wieder Wege gesucht haben. Die Lernenden hatten das Gefühl: «Ich lerne dort etwas, das mir auch wirklich etwas bringt, weil ich mit meinen Bedürfnissen ernst genommen werde.»
Wir sind auch immer auf die Themen eingegangen, die sie gerade in der Praxis hatten. Das ist an einer Berufsschule einfacher als an der öffentlichen Schule. Aber auch dort könnte man wahrscheinlich ganz vieles einbauen. Wenn man mit 14-Jährigen verschiedene grammatikalische Formen durchnehmen will, ist es das Eine. Aber wenn man etwas über Beziehungen machen würde, wie gehe ich auf

andere Menschen zu, wie spreche ich andere Menschen an, wie trete ich in Beziehung, dann gäbe es vermutlich mehr Interesse als beim Thema «Adjektive» und „Grammatik", weil das mit ihrem praktischen Leben meistens nicht sehr viel zu tun hat.

Deshalb glaube ich, dass es keinen Sinn macht, einen Lehrplan zu haben, der vorgibt, was man wann tun sollte, sondern ich glaube es macht viel Sinn mit den Bedürfnissen der Lernenden zu arbeiten und möglichst individuell auf die verschiedenen Themen einzugehen. Ich denke, dass man einiges im bestehend System einbauen kann. Mir schwebt vor, dass wir ein ganz anderes System erarbeiten oder ermöglichen, in dem wir viel freier sein können, wo jeder Mensch sein Lernen selber steuern kann, was er ja sowieso tut. Gerald Hüther sagt, dass es gar keine andere Lernform gibt als die selbstorganisierte. Innerlich müssen wir uns ja immer öffnen, wenn wir lernen wollen. Es ist gar nicht möglich, jemanden zu zwingen, etwas zu lernen, wenn er das gar nicht will. Eigentlich muss ich mich für einen Lernprozess immer öffnen. Also könnte man sagen, lassen wir das selbstgesteuerte doch zu, denn die Motivation ist immer schon da und ich muss dann nicht mehr von aussen motivieren, was extrem anstrengend ist. Deshalb brennen doch so viele Lehrpersonen aus und sind so müde. Die Glücksschule soll eine Bewegung sein und sie möchte, dass alle Beteiligten, die Lernenden, die Lehrpersonen und die Eltern glücklicher sind. Gerade die Eltern sind ja oft der verlängerte Arm des Systems, der zuhause zum Beispiel mit den Hausaufgaben die ganzen Kämpfe hat. Die Lernenden hingegen «müssen» und sind in der Opferhaltung. Das höre ich oft.

Du hast ja das Buch «Glücksschule» geschrieben. Was war deine Absicht? Wer soll das Buch lesen?

Eigentlich hat es zwei Absichten. Die eine Absicht war, dass es für Personen gedacht ist, die mit Schule zu tun haben und die sich einen neuen Ansatz wünschen. Es kann aber auch für Eltern sein, die sich Fragen zum Thema Lernen und Leben allgemein stellen, oder auch für Schulleiter die sagen, ich möchte einen anderen Ansatz an meine Schule bringen.

Dann ist die «Glücksschule» auch eine Glücksschule, also eine Art Kurs, bei dem es darum geht, uns diese Programme und einengenden Muster, die wir gelernt haben, bewusst zu machen und uns nicht mehr damit zu identifizieren und nicht mehr der Angst zu folgen. Die Glücksschule kann also auch ein Prozess sein, damit wir wieder dem Herzen folgen.

Im Buch gibt es über Schule nur ein Kapitel, ansonsten geht es um das Leben. Das Buch soll auch als eine Art Begleitbuch dienen, um wieder mehr in diese Verbundenheit zu kommen und dieses Einheitsbewusstsein, in dem Kinder ja ursprünglich automatisch drin sind. Kinder sind mit allem verbunden, sie erleben sich nicht als getrennt. Das ist alles gelernt und ich glaube, wir können uns wieder entleeren von diesen Trennungsgedanken und von diesen Vorstellungen, wir seien nicht Teil des Einen. Ich glaube, darin liegt unser Unglücklichsein und unser Leiden. Unser Widerstand und unser Kampf mit dem Leben haben immer damit etwas zu tun, dass etwas im Aussen und im Innen passiert was ich weghaben will, womit ich mich nicht verbinden kann. Glücksschule könnte also auch als eine Art Kurs dienen, uns wieder mit allem zu verbinden, was das Leben uns bringt, und es ist ja sowieso schon da. Das meiste wogegen wir kämpfen und Widerstand leisten, ist im Moment da und es ist total absurd, dagegen anzukämpfen. Deshalb könnte das für Menschen ein Prozess für vielleicht mehr Akzeptanz sein aber vielleicht auch, um sich mehr grundlegende Gedanken zu machen, wie eine Gesellschaft auch noch aussehen könnte. Was wäre, wenn nicht das Trennende, das Ego, die Ängste, die Macht und die Schutzprogramme im Zentrum stehen würden? Wie wäre es, wenn Verbundenheit, Freude, Mitgefühl und Kooperation statt Konkurrenz im Zentrum stehen würden? Ich glaube, dass wir dringend eine solche Veränderung brauchen, und dass diese Bewusstseinsveränderung, die damit einhergeht schon angefangen hat. Vielleicht kann das Buch einen Beitrag leisten, das zu unterstützen.

Ich habe ja dein Buch gekauft und gemerkt, dass man es tatsächlich nicht einfach wie einen Roman durchlesen kann, sondern eben damit arbeiten muss. Dies ermöglicht mir, meine Sichtweisen zu verändern, und das ist ja nicht immer einfach und braucht Zeit.

Ja, das ist ein Prozess. Wir haben gelernt, uns unseren eigenen Käfig zu bauen, indem wir uns stark mit dem Verstand identifiziert haben, indem wir die Stimme des Herzens unterdrückt haben aus Angst vor Bestrafung, zu wenig Bestätigung oder Liebe. Wir haben gelernt zu leisten, zu funktionieren und möglichst perfekt zu sein. Aber irgendwann taucht die Frage auf, ob das überhaupt Sinn macht, so zu leben, ob man das wirklich will. Was ist denn wirklich wesentlich für mich und mein Leben? Wo möchte ich meine Energie investieren? Ist das, was ich jetzt tue meine Berufung? Oder geht es um etwas viel Tieferes? Ich glaube wir können alles im Leben erreichen, aber wenn wir, oder andere dabei nicht glücklich sind, ist es absurd. Ich glaube, dass wir alles daraufhin prüfen müssen, ob uns etwas tendenziell glücklicher macht oder nicht. Ich glaube, Bewertungen, Noten, Konkurrenzdenken und selektionieren macht nicht glücklich. Es ist nicht falsch oder schlecht, sondern es macht uns tendenziell nicht glücklich, weil wir dadurch abhängig und nicht frei werden. Ich glaube, glückliche und freie Menschen sind soziale Menschen. Ich glaube, unglückliche und weniger freie Menschen haben eine Tendenz, gewaltvoller und weniger achtsam miteinander umzugehen. Und deshalb glaube ich, dass das Glück so wichtig ist. Ich meine damit aber nicht das Glück, dass ich bekomme, was ich unbedingt will, sondern ich meine das tiefere Glück des Verbundenseins. Es gibt eine tiefere Ebene der Verbundenheit, die Kinder noch haben, wenn sie im Flow sind beim Spielen zum Beispiel und alles rundherum vergessen. Wir Erwachsenen kennen diesen Zustand ja auch in gewissen Tätigkeiten, wenn wir vergessen, wo wir sind und wie spät es ist. Wenn wir vergessen, was wir gelernt haben und nur noch sind, also im Sein sind, dann kommt Glück automatisch. Es wartet immer schon da und je mehr wir uns in dieser Geschichte des Ichs verstricken, das ganz viel erledigen und beachten muss, desto unglücklicher werden wir. Wir versuchen dann immer ein Happyend in diesen Geschichten zu finden, obwohl die ganze Geschichte eine Illusion ist.

Ich kann alles sehr gut nachvollziehen, was du sagst. Aus Gesprächen über diese Dinge mit anderen Menschen weiss ich, dass viele befürchten, dass dann nichts mehr getan und nichts mehr geleistet wird. Was sagst du dazu?

Wir nennen unsere Gesellschaft eine Leistungsgesellschaft. Man könnte ja bei jeder Gesellschaft fragen, was da eigentlich im Zentrum steht. Bei uns sind das sicher Dinge wie das Arbeiten, die Leistung, die Belohnung und die Sicherheit. Es ist ja wunderbar, wenn Menschen gerne leisten und das mit Freude machen. Leistung an und für sich ist ja nichts Schlechtes, ich selber leiste auch sehr viel und sehr gerne, ich habe ja erwähnt, dass ich für mein Abitur tagelang durchgearbeitet habe. Leistung ist etwas ganz Natürliches, wenn sie von innen kommt und von innen her motiviert ist. Aber die meisten Menschen leisten, weil es von aussen erwartet wird oder weil sie denken, dass es von aussen erwartet wird. Sie erhoffen dadurch, von aussen Bestätigung zu bekommen, sie sind also extrinsisch motiviert. Diese Art von Leistung hat ein äusseres Ziel und wenn ich das äussere Ziel erreiche, dann bin ich dann vermeintlich glücklich. Dieses Leisten scheint abgetrennt von mir zu sein und ist problematisch, weil es auf dem Prinzip Liebe gegen Leistung beruht, allerdings ist auch diese Einstellung anerzogen. Ich glaube, diese Form von Leistung ist einfach nur qualvoll, weil sie nicht glücklich macht und uns eher stresst. Zum Stress kommt dann dazu, dass ja nichts dazwischenkommen soll und keine schwierigen Gefühle oder Bedürfnisse auftauchen sollen, weil die mich nur bremsen. Das stört dann nur und muss weg, ich muss dann wie eine Maschine funktionieren und es geht nicht darum, mein Leben zu leben. Aber wollen wir wirklich einfach nur funktionieren? Wenn wir einmal zurückblicken auf unser Leben, ist das dann erfüllend, dass ich nur funktioniert habe und möchte ich das meinen Kindern weitergeben?

Aber wie gesagt, Leistung an sich finde ich etwas Wunderbares und es gibt unglaubliche Leistungen, die aus diesem Flow herauskommen. Ich glaube sogar, dass dies die besten Leistungen sind, die es überhaupt gibt, weil es sich dann um ein Zusammenspiel aller Faktoren handelt, also viel mehr umfasst als nur die kognitive Realität.

Was ist deine wichtigste Botschaft?

Ich weiss nicht, ob ich das jetzt in einem Satz sagen kann. Aber ich möchte sicher noch erwähnen, dass sich inzwischen aufgrund des Buches ein Verein gebildet hat, die IG Glücksschule. Das ist eine

Interessengemeinschaft und da sind ganz viele Lehrpersonen, Eltern und sonstige Leute mit dabei, die sich für die Themen Lernen und Gesellschafts- und Schulwandel interessieren. Dieser Verein wächst enorm schnell, es gibt in der Schweiz schon diverse Regionalgruppen. In Deutschland sind sie am Entstehen, Österreich wird auch kommen und hoffentlich auch noch weitere Länder. Ich glaube, dass sich daraus eine europaweite Bewegung entwickeln wird.

In der Zentralschweiz sind wir schon daran, das umzusetzen. Die Idee ist, einen neuen Ansatz an die öffentlichen Schulen zu bringen, ein neues Menschenbild, eine neue Haltung an die Schulen zu bringen, eben diejenige der Glücksschule. Die Menschen sind sehr offen und interessiert, die Zeit ist reif. Ich wünsche mir, dass alle, die sich in irgendeiner Form von diesen Worten oder Gedanken über die Glücksschule berührt fühlen, sich zusammenschliessen und mitmachen. Nicht für mich, sondern für die Kinder. Ich selber bin bei diesem Verein nur als Beisitz und nicht als Führender dabei, ich habe nur das Buch geschrieben. Die Vereinsgründung hat sich auch selbstorganisiert. Ich sehe, dass viele Menschen in der Schweiz und darüber hinaus daran sind, diese Ideen zu verbreiten und an die öffentlichen Schulen zu bringen. Es geht dabei nicht darum, dass neue Privatschulen entstehen, dass man dafür etwas bezahlen muss, sondern es soll eine Alternative sein, damit die Kinder wählen können, wohin sie wollen: In das System mit Noten und Leistung oder in das System Glücksschule mit einer vorbereiteten Umgebung, mit einem offenen Lernraum und Raum für Beziehung. Es ist eine Wahlfreiheit, es ist ein Recht auf Bildung, nicht mehr eine Bildungspflicht und die Kinderrechte werden umgesetzt.

Ich glaube, das wäre ein ganz wichtiger Schritt für unsere Gesellschaft, wenn immer mehr Menschen eine solche Bildungsform wählen würden. Weil sich dann unsere ganze Gesellschaft sich viel mehr aufs Glück und auf die Verbundenheit ausrichten kann. Das könnte eine ganz grosse Veränderung in unserer Beziehung zur Natur und zum Leben und untereinander bewirken. Alles kann sich unglaublich verändern, wenn wir innerlich verbunden und glücklich sind. Und das wünschte ich mir von Herzen und ich freue mich darauf, weil das jetzt schon passiert.

Interview mit Ruth Meinhart

Ruth Meinhart ist Expertin für Denk- und Lernstile. Diese spielen ihrer Meinung nach eine wichtige Rolle beim Lernen. Kinder und Jugendliche sollen Spass am Lernen haben, das ist ihre Vision.
Ihr Wissen gab Ruth Meinhart als Autorin, Referentin und in ihrer online Denk-Akademie weiter.

Anmerkung von Annette Sidler
Leider ist Ruth Meinhart im Juni 2017 verstorben.
Ich behalte Frau Meinhart als engagierte, positiv eingestellte Gesprächspartnerin und Persönlichkeit sehr gerne in Erinnerung!

Wie sind Sie auf Ihr Wissen rund um Denk- und Lernstile gekommen?

In der Schulzeit gab es Fächer, in denen ich gut war und es gab zwei Bereiche, die ich gar nicht konnte. Das eine war die Rechtschreibung, die habe ich in meinen 13 Schuljahren nicht hinbekommen und auch die höhere Mathematik. Die Grundschulmathematik war für mich kein Problem, da habe ich vieles auswendig gelernt und das war überhaupt nicht schwierig. Aber in dem Moment, wo dann Algebra und die Formeln dazukamen, habe ich mich ausgeklinkt. Wenn es nur ums Auswendiglernen ging, zum Beispiel in Geschichte oder Erdkunde, war das für mich nie ein Problem.

Ich habe das Abitur gemacht und nach einer Lehre dann auch noch studiert und habe eigentlich nur herausfinden wollen, wie ich selber schneller lerne. Ich habe festgestellt, dass ich zum Denken und zum Lernen von den drei wesentlichen Arten - dem Sehen, dem Hören und dem Einsetzen des ganzen Körpers - selber extrem stark das Wort (zuhören und selber sprechen) und die Bewegung benutze. Bei mir ist immer ein Körperteil in Bewegung, wogegen andere sehr ruhig sitzen. Dann habe ich festgestellt, dass ich tatsächlich einen eigenen Denktypen habe und dass der komplett anders ist, als der eines Mathematikers oder eines Rechtschreibers. Zum Glück habe ich zwei Schwestern, die beide Germanisten sind. Ich stellte nach Beobachtungen fest, dass beide beim Rechtschreiben alles über das Bild machen: Sie sehen das Wortbild vor sich. Die guten Mathematiker sehen die Formeln vor sich.

Zunächst habe ich einfach nur ausprobiert, wie ich mein mangelndes visuelles Erinnerungsvermögen ein bisschen verbessern konnte und habe dann Spiele gemacht, die man auch im Kindergarten spielt, wie Memory und andere Merkspiele. Dadurch habe ich gelernt, mir etwas bewusst anzusehen und mich später daran erinnern zu können. Also ist es im Prinzip „einfach", denn es ist eine Sache des Trainings, allerdings muss man dranbleiben.

Dann habe ich für mich erkannt, dass die Rechtschreibung gar nicht so schwierig ist, wenn ich das Wortbild abrufen kann. Bei mir ging alles über den Wortklang, weil die Lehrer damals, wie auch heute, auf dieses «Schreib so, wie du sprichst» erpicht waren. Für mich war das super, weil ich natürlich alles andere als nicht rechtgeschrieben habe. Bei mir war der „Fuchs" mit „x", „ks" oder „gs" geschrieben, aber nie mit „chs".

Meine Erkenntnis war dann im Prinzip, dass man das Wortbild haben muss. Das hatte mir in der Schule niemand gesagt. Als ich nach vier Monaten bewussten Trainings soweit war und erkannte, wie es geht, habe ich mir überlegt, dass das bei anderen bestimmt auch so sein musste, wenn das bei mir so war. Darum habe ich mir dann viele Kinder angeschaut: Ich bin in viele Schulen reingegangen, wo ich mir dann die schwach visuell denkenden oder schwach erinnernden Kinder rausgepickt habe und beobachtet habe, was sie beim Lernen und Üben machen. Diese Kinder waren in den meisten Fällen tatsächlich genauso wie ich. Die Rechtschreibeschwäche ist also eine rein visuelle Sache! Die Kinder lernen erstens schlecht lesen und sind dann zweitens schlecht in der Rechtschreibung, weil sie keine Bilder von Wörtern haben, die sie im Speicher abrufen können. Dasselbe gilt für Mathematik, man kann sich also die Formeln als Bild vorstellen und dann geht es auch mit der Mathematik besser. So habe ich dann auch meine Mathekurse im Studium kapiert und nachvollziehen können. Ich bin heute kein Mathematiker, aber ich bin ganz gut im Erklären.

Die letzten 15, 20 Jahre habe ich das Ganze dann weiterentwickelt. Ich habe mir viele Kinder angeschaut, die etwas sehr gut können und viele, die das nicht können und mir dann überlegt, was die vom Denken her anders machen. Es gibt tatsächlich gute Strategien und die Kinder mit weniger erfolgreichen Strategien können diese durch

Training anpassen. Ganz wichtig finde ich es zu sagen, dass der Denktyp, den wir haben, perfekt ist und zwar nicht nur für die Schule. Deshalb macht es Sinn, den betreffenden Kindern beispielsweise zu sagen, dass wir das bildliche Sehen, das bessere Zuhören oder das Erinnern im Klang trainieren oder dass wir auch das Körperliche trainieren, damit man auch im Sport weiterkommt. Es geht also nicht darum, den Denktypen komplett umzukrempeln, sondern einfach darum, eine Hilfe zu geben um alles für die Schule Wichtige bewerkstelligen zu können und die Grundlagen der Mathematik, die Rechtschreibung und die Kernkompetenzen zu beherrschen.

Ich kenne die Begriffe «Denkstil» und «Lernstil». Worin liegt der Unterschied?

Beim Lernstil geht es eher um die Art der Informationsaufnahme. Der Denkstil umfasst aber auch noch das Abrufen des Gelernten, zum Beispiel bei einer Klassenarbeit. Daher ist der Denkstil etwas umfassender. Bei den meisten Menschen sind sie gleich oder sehr ähnlich. Da brauchen wir nicht gross zu unterscheiden. Es kommt nur ganz selten vor, dass jemand beim Lernen, also bei der Informationsaufnahme, etwas ganz Anderes macht im Kopf als beim Informationsabruf. Deshalb ist es für mich so, dass ich die beiden Begriffe in der Regel synonym verwende.

Es gibt Menschen, die sagen, dass es Denk- und Lernstile gar nicht gibt. Was sagen Sie denn diesen Menschen?

Mit denen unterhalte ich mich drei Minuten über irgendein Fach, das sie nicht können und dann sage ich ihnen genau, warum sie es nicht können und wie es funktionieren könnte. Dann ist die Sache auch gegessen. Das ist jetzt keine Überheblichkeit, aber ich habe tatsächlich öfters mal diese Anfeindungen bekommen, dass es das nicht gäbe. Wenn es das jedoch nicht gäbe, dann hätten wir auch keine Probleme in der Schule mit dem Lernen, weil dann jeder in der Klasse, inklusive Lehrperson, denselben Vorgang hätte. Aber wenn ich jetzt als Schüler dasitze und sehr viel über die Ohren mache und mir Bilder einfach nicht einprägen kann, um sie später abrufen zu können und der Lehrer mir unwahrscheinlich viel bildliches Material gibt, dann habe ich es als Schüler schwerer. Wenn der Lehrer dazu dann noch ganz wenig redet, habe ich es nochmals schwerer. Wenn ich als Schüler einen Lehrer habe, der genauso denkt wie ich, der mir viele Bilder gibt und wenig Gespräch oder viel Gespräch und wenig Bilder, je nachdem welche Kombination des Denktypen wir dann tatsächlich haben, ist das Lernen für mich einfacher.

Auf meiner Denkakademie ist schön beschrieben, wie man anhand der Augenbewegungen erkennen kann, wie jemand denkt. Es gibt Schüler, die nach oben gucken, wenn sie irgendetwas gefragt werden. Viele Lehrer machen dann leider die Aussage «Die Antwort steht doch nicht an der Decke». Neurologisch stimmt das aber schon, weil das Reservoir von den Bildern, die ich schon gesehen habe oder die ich mir gerade vorstelle, genau dort ist. Wer nach oben guckt, ist tendenziell sehr stark im Bild. Bei jemandem, der nicht nach oben guckt, kann es sein, dass der auch keine Bilder braucht. Es lässt sich also relativ einfach erklären, was da passiert und so habe ich dann meine sechs verschiedenen Denktypen herauskristallisiert.

Am schönsten ist es natürlich, wenn man gar keinen Denktypen hat, im Sinne von: Man benutzt sowohl die Augen, als auch die Ohren und auch den ganzen Körper gleichermassen stark oder kann je nach Situation ein oder zwei Kanäle, die gerade gefordert sind, genauso stark benutzen. Das sind jene Schüler in der Schule, die in allen Fächern und Bereichen gut sind. Das sind aber nur wenige, bei mir im Jahrgang waren es, um genau zu sein zwei von insgesamt 90 Schülern.

Die meisten haben einen Denktypen wie ich. Von meiner Grundstruktur war ich jahrelang jemand, der über das Hören, Sprechen und Bewegung geht. Ich musste immer Bewegung haben, das konnten grosse Bewegungen sein, wie zum Beispiel das Rumlaufen oder kleine Bewegungen, wie Gummibärchen essen. Aber alles, was ich gehört hatte war drinnen, das ist auch heute noch so. Mein Schwachpunkt war das Sehen. Ich konnte mir nichts merken. Heute bin ich da ausgeglichener, wenn ich heute etwas vor mir habe, was ich mit den Augen wirklich aufnehmen muss, zum Beispiel wenn ich ein Buch lektoriere, das ich nicht selber geschrieben habe, dann sind meine Augen - mein visuelles Erinnerungs- und Aufnahmevermögen -komplett hochgradig aktiv. Wenn ich das nicht habe, habe ich immer noch meinen alten auditiven (Hören) und kinästhetischen (Bewegung) Denkstil zur Verfügung.

Heisst das also, dass man an seiner Schwäche arbeiten kann und die Lernschwäche in einem Bereich sich somit abbauen lässt?

Das ist eben das Schöne, es ist nicht genetisch bedingt. Es hat auch viel mit der Umgebung zu tun, in der man aufwächst. Wenn ich aus einer Familie komme, in der viel musiziert wird, ist die Wahrscheinlichkeit gross, dass ich auch im musikalischen Bereich stärker bin — obwohl es da auch Ausnahmen gibt. Wenn ich aus einer Familie komme, in der viel über die Logik läuft, dann werde ich mich da mehr entwickeln, meistens im visuellen Bereich.

Aber egal wie alt man ist, wir können jederzeit anfangen zu erkennen, wo jetzt eine kleine Herausforderung ansteht und dann ganz bewusst trainieren. Ich habe ja angefangen, Memory mit mir selbst zu spielen und zwar zuerst nur mit drei Paaren. Das hört sich jetzt komisch an, aber ich habe damit ganz langsam gelernt, mein visuelles Erinnern zu trainieren. Das war damals bei mir die Obergrenze, wenn ich vier Paare gehabt hätte, wäre ich komplett ausser Konzentration gewesen. Zuerst habe ich alle Bilder angeschaut, dann umgedreht und mir dann in Erinnerung gerufen, wo was lag: «Da liegt das Huhn, da liegt das Schwein, da liegt das Pferd, da liegt das andere Huhn, da liegt das andere Schwein, da liegt das andere Pferd.» So habe ich für mich das Sehen im ganz kleinen Rahmen aufgebaut, aber immer mit Sprache. Das heisst, während ich mir die Bilder angeschaut habe, habe ich immer dazu gesprochen, weil das ja schon mein dominanter Kanal war und habe dann so das Visuelle noch mitbekommen.

Dann habe ich Würfelspiele gespielt. Ich habe einen Würfelbecher genommen und mit drei Würfeln gewürfelt. Ganz kurz habe ich hingeschaut und mich dann erinnert, wo welche Augenzahlen lagen. Wenn das mit drei Würfeln gut ging, habe ich vier genommen und danach dann fünf. Man wird dabei merken, dass jeder für sich eine Grenze hat. Wenn man an diese kommt, dann wird es echt schwierig. Bei mir war das der Übergang von vier auf fünf Würfel. Heute kann ich mir auch sieben merken, wenn ich wirklich konzentriert bin.

Es gibt Kinder, die sich auditiv keine Gedichte merken können. Es gibt für sie aber eine gute Möglichkeit, dies zu schaffen. Ich liebe zum Beispiel die Gedichte von Heinz Erhart, ich finde sie toll und kindgerecht. Da wird einfach die erste Zeile vorgelesen, zum Beispiel beim Gedicht «Die Made»: «Hinter eines Baumes Rinde, wohnt die Made mit dem Kinde». Das Kind liest sie und dann wird dazu ein Bild gemalt, damit wir das Visuelle schon damit rein haben, denn meistens sind diese Kinder in den anderen beiden Kanälen stark, wenn sie über die Ohren etwas schwächer sind. Wir können auch die Bewegung mit reinnehmen. Dann wird das wieder gesprochen und wenn die erste Zeile sitzt, dann geht es weiter und so bauen wir dieses Gedicht ganz langsam auf. Am Ende ist dann auch das komplette Gedicht gelernt, weil wir auf das Kind eingegangen sind, alles reizreduziert haben und ganz langsam vorgegangen sind.

Bei einem Kind, das auditiv wirklich sehr schwach ist, fange ich mit einem kürzeren Gedicht an. Aber auch so lässt sich der auditive Bereich trainieren.

Auf diese Weise stellen sich sicher sehr schnell Erfolgserlebnisse ein und das Kind möchte dazulernen.

Ja genau, meine grösste Bezahlung ist dieses Leuchten in den Kinderaugen. Die Kinder sagen dann plötzlich: «Ich schaff's.»

Die Schule ist im Allgemeinen defizitorientiert, sie gibt uns ein Feedback über die Defizite. Das sieht man bei jedem Diktat: Man zählt die Fehler und nicht die Wörter, die richtig geschrieben sind. Da sehe ich noch ein bisschen Handlungsbedarf. Wenn ein Schüler in einem Fach ständig nur negatives Feedback bekommt und plötzlich durch so eine leichte Übung merkt, dass er das doch kann, sein Weg dazu aber etwas anders ist, dann bekommt er natürlich Motivation und Freude, überhaupt etwas zu machen.

Sie sagen, dass ich einen auditiv-kinästhetischen Lerntyp habe. Wenn ich versuche, Sätze meiner Schülerinnen und Schüler in derer nichtdeutschen Muttersprache nachzusprechen, schaffe ich das meistens nicht. Warum ist dem so, obwohl ich ja auditiv gut lernen kann?

Die Frage ist natürlich, was Sie damit bezwecken wollen, wenn Sie einen Satz in der Muttersprache des Schülers wiederholen. Ich denke, Sie wollen damit einfach eine emotionale Bindung zu diesem Kind bekommen. Das heisst, Ihre Motivation liegt nicht unbedingt darin, diese andere Sprache zu lernen, sondern ihre Motivation liegt einfach darin, kinästhetisch einen emotionalen Zugang aufzubauen und da sagt das Gehirn: «Das musst du gar nicht perfekt machen». Dann sieht nämlich das Kind auch, dass es auch nicht von Anfang perfekt in der deutschen Sprache sein muss.

Die Frage nach der Motivation macht für mich sehr viel Sinn. Es ist also immer gut, sich zu fragen, wofür ich etwas wirklich brauche.

Ja, es ist ganz klar, das Gehirn braucht einen Sinn, warum ich etwas mache. Für manche Kinder ist eine gute Note ein Sinn. Für einige wenige spielt die Note keine Rolle und bringt keine Motivation. Ich kann sie dann nicht mit einer guten Note locken oder sie nicht davon abhalten, mit einer schlechten Note nichts zu tun. Solche Kinder sagen dann zum Beispiel: «Latein brauche ich nicht». Bei Deutsch erkläre ich den Kindern in solchen Fällen, dass sie Deutsch brauchen, um die Fächer zu bewerkstelligen, die sie mögen, denn Lesen zum Beispiel muss man in jedem Fach.

Motivation ist tatsächlich ein wichtiger Punkt und da muss man sich überlegen, wo man beim Kind ansetzen kann. Es gab eine Studie, bei der erforscht wurde, was es zum erfolgreichen Lernen braucht: das Vorwissen, die Motivation und die Intelligenz. Der wichtigste der drei Faktoren ist gar nicht die Motivation, sondern das Vorwissen. Je mehr Vorwissen ich habe, umso leichter fällt es mir natürlich. An zweiter Stelle kommt die Motivation. Die Intelligenz ist relativ unwichtig im Vergleich zu den beiden anderen.

Klar, Intelligenz ist wichtig, aber jeder, der in einer normalen Schule ist, hat diese Intelligenz in der Regel, so dass man das Ganze mit Motivation und vor allen Dingen mit Vorwissen aufbaut. Wir müssen aber zuerst einmal das Vorwissen aufbauen. Wenn zum Beispiel jemand das Abitur in Englisch mit 5 Punkten macht und jemand anderes mit 15 Punkten, hat das Auswirkungen, wenn die beiden dann studieren. Die Person mit mehr Punkten hat ein höheres Vorwissen und ist dann möglicherweise besser im Studium. Es kann sogar sein, dass sie weniger stark motiviert ist und trotzdem die andere Person abhängt. Der Lernende mit den 5 Punkten kann hoch motiviert sein, hat aber nicht das Vorwissen und muss zuerst mal ackern, bis er den anderen einholt im Hinblick auf das Vorwissen.

Und so ist das bei Allem. Wenn ich die Rechtschreibung im 5. Schuljahr durch wenig Lesen mehr oder weniger hinter mir gelassen habe, wenn ich keine Wortbilder aufgebaut habe, dann muss ich erst wieder anfangen, viel zu lesen, um die Wortbilder aufbauen zu können. Dasselbe mit der Mathematik: Wenn ich im 12. Schuljahr merke, es klappt nicht mit der Mathematik, dann muss ich nochmal zurück und schauen, in welchem Schuljahr ich denn stehen geblieben bin und dann von dort aus aufbauen. Wenn ich die Motivation habe, dann ist das natürlich schön, aber ich muss bis zum Punkt zurückgehen, wo mein Vorwissen noch vorhanden ist.

Was kann eine Lehrperson tun, wenn sie den Schülern helfen möchte, die Lern- und Denkstile zu erkennen und zu unterstützen?

Es gibt Fragebogen, zum Beispiel bei mir auf der Homepage. Diese beruhen auf reiner Beobachtung: Wie verhält sich jemand zum Beispiel beim Erinnern der Rechtschreibung? Die sehr guten Rechtschreiber haben dann ihre Augen meistens nach oben gerichtet, wenn sie sich an ein Wort erinnern, bei dem sie nicht direkt wissen, wie es geschrieben wird. Die mittelmässigen bis guten Rechtschreiber schauen meistens zur Seite und dann geht der Blick nach oben, somit weiss ich, dass sie zuerst in den Wortklang gehen, der seitlich ist und dann erst ins Wortbild. Ich kann also alleine schon anhand der Augenbewegungen feststellen, wie jemand denkt.

Man kann auch anhand des Sprechens erkennen, wie jemand denkt. Die auditiven Lerner, die in der Regel auch sehr stark wortgewandt sind, haben eine wohlklingende, von der Intonation, von der Geschwindigkeit und vom Rhythmus her ganz runde Aussprache. Wer sehr monoton und schnell spricht, ist meistens extrem visuell. Karl Lagerfeld zum Beispiel, er ist Designer und nur im Bild. Er hat so viele Bilder im Kopf, dass er die Worte gar nicht findet und spricht deshalb extrem schnell wie aus der Pistole geschossen. Er hat keinen Wortklang, er spielt nicht mit Sprache, so wie es zum Beispiel Heinz Erhardt tat, der sehr auditiv war.
Ein Kinästhet ist vom Reden her etwas langsamer. Er muss zuerst einmal hören, was gefragt wurde und dann ins Gefühl gehen, um zu spüren, wie er sich dazu fühlt. Danach muss er für dieses Gefühl ein Wort finden und dann dieses Gefühl noch rausbringen. Das heisst, die Kinästheten sind mitunter etwas langsamer beim Sprechen. Das ist also nicht unbedingt eine Zurückhaltung vom Schüler, sondern es liegt wirklich an der Denksequenz, die ganz anders ist.

Zur Rechtschreibung gibt es eine ganz einfache Übung, mit der man überprüfen kann, welches Kind im Wortbild erinnert. Man bittet einfach das Kind, das Wort «Fuchs» rückwärts zu buchstabieren. Dieses Wort ist nicht phonetisch, man kann mit dem, wie es klingt also nichts anfangen. Danach habe ich zwei Möglichkeiten. Zum einem beobachte ich die Augen. Wenn diese nach oben gehen, hat das Kind tendenziell schon mal eine gute Möglichkeit, das Wort im Bild abzurufen. Und wenn das Wort «Fuchs» gespeichert ist, wird das Kind «s-h-c-u-f» sagen, weil es das sieht. Man kann nur schnell rückwärts buchstabieren, wenn man ein Wortbild vor sich hat. Die meisten, die ein Wortbild vor sich haben, können das auch in die Mathematik übertragen, in Formeln zum Beispiel.

Wenn ein Kind beim Wort «Fuchs» zur Seite schaut und in den Wortklang zur anderen Seite geht, ins Gefühl (nach unten schauend) und uns dann ganz langsam buchstabiert, dann weiss ich, dass dieses Kind momentan noch im falschen Kanal ist.

Dann gibt es natürlich die Kinder, die sehr viel reden, dazu gehören zum Beispiel jene, die schon nach dem Aufstehen am Morgen anfangen zu reden und deren Tag mit Worten gefüllt ist. Das sind tendenziell die auditiven Menschen. Für die gilt der Satz: «Wie soll ich wissen, was ich denke, bevor ich höre, was ich sage?» Das macht ein Visueller zum Beispiel nicht, der guckt zuerst und dann spricht er. Wir sind natürlich nie nur visuell, auditiv oder kinästhetisch, sondern wir haben immer eine Mischung. Ich von meiner Tendenz her war definitiv auditiv-kinästhetisch, ich war viel in Bewegung und viel im Gespräch. Das hat mir dann die Schulzeit in manchen Fächern etwas schwerer gemacht, in manchen aber zum Glück sehr einfach.

Für die Schule oder für die Lehrer ist es natürlich das Schönste, wenn sie nur visuell-auditive Schüler vor sich haben. Diese können nämlich gucken, was an der Tafel oder im Buch steht und sie sprechen, aber erst dann wenn, sie aufgerufen sind und nicht dann, wenn ihnen etwas einfällt. Die Visuellen melden sich, indem sie ruhig einen Finger hochstrecken, die Auditiven mit schnipsenden Fingern und die Kinästheten machen irgendeine Bewegung.

Man kann als Lehrer also schon sehr viel erkennen vor der Klasse. Ich empfehle aber immer das Beiziehen von Denktypen-Fragebögen.

Wenn man dieses Wissen hat, kann man vielleicht auch anders auf die Kinder schauen. Ein Kind, das sich schwer tut beim Sprechen, stempelt man ja schnell ab als «es kann nichts» oder sogar als «es ist dumm». Wenn man aber dieses Wissen hat, kann man anders hinschauen und die Kinder besser verstehen. Das finde ich eine ganz schöne Sache, denn ich bin wie Sie der Meinung, dass die meisten Kinder den Schulstoff eigentlich bewältigen können.

Ja genau und das ist mein Ziel. Es ist gut, als ersten Schritt zuerst mal einen ganz anderen Blick auf die Kinder zu werfen und zu merken, wie ein Kind denkt. So vermeidet man es, vorschnell zu sagen, das Kind muss dumm sein, weil es das, was vermittelt wird, nicht kapiert. Das empfehle ich besonders auch für Eltern, die vergeblich versuchen, ihrem Kind etwas zu erklären. Es kann sein, dass sie komplett falsch ansetzen. Wenn ein hochvisueller Vater einem hochkinästhetischen Kind etwas erklären möchte, funktioniert das oft nicht. Das Kind fängt vielleicht an, mit dem Fuss zu wackeln und der Vater sagt zum Kind: «Sei still.» In dem Moment, wo der Fuss nicht mehr wackelt, fängt etwas Anderes an zu wackeln und der Vater sagt wieder: «Sei still.» Dann kann es passieren, dass das Gehirn abschaltet. Wenn ich einem kinästhetischen Kind nicht die Möglichkeit zur Bewegung gebe, die übrigens ganz klein sein kann, wird das Gehirn tendenziell mal kurz auf Standby geschaltet und es kommt nichts rein. Wenn der Vater mit Bildern kommt und das Kind ganz schwach in Bildern ist, dann kann es sein, dass es sofort abschaltet und in den Tagtraum geht, weil das Gehirn einfach sagt: «Damit kann ich momentan gar nichts anfangen.»

Wenn ich solche Zusammenhänge kenne, weiss ich auch, wo ich ansetzen muss. Es liegt also weder am Kind, noch an seiner Intelligenz, noch an der Fachkompetenz der Lehrperson. Dass es an der Unterrichtsweise liegt, die momentan nicht auf ein Kind zugeschnitten ist, kann aber vorkommen. Ich kann das aus meiner Erfahrung bestätigen. Ich habe in Indien an einer deutschen Schule unterrichtet. Dort hatten wir nur 5-8 Schüler in einer Klasse, es waren aber alle Denktypen dabei. Es war nicht einfach, bei so wenig Kindern auf jeden Einzelnen einzugehen. Wenn ich aber 20-30 Schüler vor mir habe, ist es nochmals schwieriger, wirklich auf jeden ständig einzugehen. Hut ab vor jedem Lehrer der das jahrelang und mit wachsender Begeisterung macht!

Da kommen dann mitunter auch die Eltern in die Verantwortung, um mit den Kindern spielerisch üben. Die Spiele, die ich hier vorgeschlagen habe, kann man auch mit 15-jährigen machen. Man kann natürlich auch visuelle oder andere Spiele einsetzen, die für das Alter passend sind. Manchmal lasse ich 15-16-Jährige Liedanfänge erraten, zum Beispiel indem ich fünf Liedanfänge von ihnen bekannten Titeln drei oder vier Mal einspiele. Manche müssen fast das halbe Lied hören, bis sie das Lied erkennen.

Wichtig ist, dass die Pädagogen dieses Wissen haben, weil es ihnen selber einfach den Druck nimmt. Wenn ich weiss, dass in meiner Klasse 5 Kinästheten sind, verstehe ich, warum die sich so verhalten und ich kann mir dann überlegen, was ich denen gebe. Sie brauchen sicher Bewegung, manchmal reicht schon ein Knetball oder ein mit Luft gefülltes Sitzkissen, auf dem sie sich im Sitzen bewegen können. Wenn ich ihnen in der Klassenarbeit die Möglichkeit gebe, Gummibärchen zu essen oder einen Kaugummi zu kauen, kann das für manche sehr hilfreich sein, um sich besser konzentrieren zu können. Es müssen also keine grossen Bewegungen sein, nur schon das Bewegen des Kiefers kann das Lernen verbessern.

Ein Lehrer ist für mich nicht in der Verantwortung zu therapieren. Wenn ich einen Schüler habe, der ganz klar einen Denktypen hat, der ganz schwierig ist, dann sind die Eltern gefragt. Aber im Gespräch mit dem Lehrer kann man abmachen, was das Kind mit den Eltern zuhause machen kann und wie Lehrer es in der Klasse unterstützen kann. Manchmal ist dann aber auch eine professionelle Hilfe von aussen angezeigt.

Ich würde aber sagen, dass es für die meisten Kinder ausreicht, wenn die Eltern und die Lehrer einen Blick draufhaben und dann mit dem Kind das Ganze spielerisch trainieren.

Sie haben ein Buch geschrieben, indem interessierte Eltern und Pädagogen all diese Dinge nachlesen können. Sie haben aber auch eine Denkakademie im Angebot. Worum geht es da?

Nebst dem Buch habe ich auch DVDs zu den einzelnen Themenbereichen, zum Beispiel über die Rechtschreibung oder Blockaden gemacht. Irgendwann kam ich auf die Idee, mein ganzes Wissen online anzubieten. In kurzen Videos von 15-20 Minuten erkläre ich die allgemeinen Hintergründe des Denkens und Lernens. Zum Beispiel lernen Sie dort, was neurologisch beim Konzentrieren passiert oder was ein Tagtraum ist und warum er auch wichtig ist. Das Gehirn braucht ihn nämlich, um das neu hinzugekommene Wissen tiefer zu verankern. Wenn ich keinen Tagtraum habe, wird das Wissen, das ich gerade aufgenommen habe nämlich wieder gelöscht.

Das ist zum Beispiel dann fatal, wenn ein Kind mehrere Stunden lernt, sich dann vor den PC setzt und irgendein Computerspiel spielt, bei dem es auf einem anderen Level hochgradig konzentriert sein muss. Das vorgängig Gelernte wird dann im Gehirn gelöscht. Eigentlich bräuchte das Gehirn dann die Möglichkeit, alles im Hintergrund ganz reizreduziert und stressfrei zu verarbeiten. Deshalb ist es am besten, nach intensivem Lernen spazieren zu gehen, sich auf die Couch zu setzen oder Musik zu hören.

Dann geht es in meiner Denkakademie natürlich detailliert um die sechs verschiedenen Denktypen und man kann lernen, den eigenen Denktypen zu erkennen und ihn zu optimieren.

Ich möchte noch Beispiel einer typischen Situation erzählen: Eine Lehrperson geht mit der Klasse schwimmen und sagt «Bitte setzt euch an den Rand». Wir wissen, dass ein Drittel dieser Aufforderung relativ zügig folgt, dass ein Drittel anfängt zu diskutieren und der letzte Drittel direkt ins Wasser springt. Warum ist das so? Die einen hören zu, die anderen kriegen das nicht mit, gucken sich aber an und wollen vielleicht gar nicht ins Wasser und wieder andere denken, da ist Wasser, da springe ich rein und hören die Lehrperson also gar nicht. Was da neurologisch passiert, kann man mit Denktypen tatsächlich erklären.

Weitere Themen meiner Denkakademie sind das Lesen, Schreiben und Rechtschreiben. Bei der Mathematik für die Grundschule erkläre ich unter anderem, warum der Einsatz der Cuisenaire-Stäbchen sich für alle Denktypen lohnt und gebe Tipps, wie man auch in der höheren Mathematik ein bildliches Verständnis bekommen kann.

Es gibt auch einen Teil über Blockaden und Blackouts, wo man erfährt, warum die entstehen und wie man damit umgehen kann. Anhand von Demovideos kann man Techniken ausprobieren, die relativ einfach sind und mit denen man leichte Blockaden selber lösen kann. Es ist natürlich vermessen zu sagen, dass sich Blockaden alleine durch das Anschauen der Videos lösen. Es geht, wie gesagt eher um das Ausprobieren. Ansonsten empfehle ich, zu jemandem zu gehen, der sich mit solchen Techniken gut auskennt.

Zu jedem Thema gibt es Übungen, die man zuhause für sich machen kann. Ebenso hat es Dokumente zum Downloaden.

Die Denkakademie ist geeignet für Eltern, die mit ihren Kindern die Videos schauen und die Übungen machen möchten. Jugendliche können das auch schon alleine. Vor allem ist das Angebot aber interessant für alle, die im pädagogischen Bereich arbeiten. Bereits im Kindergarten kann ich erkennen, welcher Denktyp da ist und wenn ich merke, dass zum Beispiel das Visuelle fehlt, kann ich die Eltern informieren und anfangen zu üben, damit das Kind dann später in der Schule mit der bildlichen Reizüberflutung gut mithalten kann. Diese wird es immer geben und das bildliche Lernen ist eben das Einfachste. Es geht nicht darum, die Schule zu verändern, sondern darum, dem einzelnen Kind die Möglichkeit zu geben, mit Bildern überhaupt etwas anfangen zu können.

Abschliessend möchte ich sagen, und das finde ich ganz wichtig, dass jedes Kind perfekt ist, wie es ist. Später, bei der Ausübung eines Berufes braucht es alle Denktypen. Jeder Beruf hat seine bevorzugte Denk- und Arbeitsweise. Nur für die Schule ist es einfacher, wenn ich im visuellen und auditiven Bereich sehr stark bin, kinästhetisch aber ein bisschen weniger.

Aber der Denktyp soll nie verändert werden. Mein Ziel ist es einfach aufzuzeigen, wie man den Kanal, der etwas schwächer oder ganz schwach benutzt wird, dem Kind spielerisch zugänglich machen kann, damit es die Schule schafft. Der Denktyp kann sich im Laufe eines Lebens von alleine verändern oder wir können ihn trainieren. Es kann aber auch sein, dass er sich von heute auf morgen oder schleichend verändert und das ist natürlich auch spannend.

Interview mit Michael Miedaner

Michael Miedaner ist Lehrer, Kursleiter und Autor. Er ist überzeugt, dass eine auf Vertrauen und Geborgenheit basierende Beziehung für eine gesunde Entwicklung unserer Kinder unabdingbar ist. Er vertritt den Ansatz des Bindungsforschers Gordon Neufeld (Kanada).

Sein Wissen gibt Michael Miedaner in Form von Vorträgen und Kursen weiter.

www.roots-of-life.ch

Sie sagen, dass Bindung ganz wichtig für eine gesunde Entwicklung des Kindes ist. Warum ist das so?

Die Bindungsforschung hat zwar herausgefunden, dass die Bindung beziehungsweise die Bindungsimpulse, welche uns Menschen (und auch die Säugetiere) steuern, elementar sind. Sie sind als Überlebensinstinkt unser stärkster Trieb überhaupt. Wir suchen Nähe zu jenen, an welche wir gebunden sind und schaffen es als Kind nicht, alleine zu überleben. Gleichzeitig ist die Bindung nicht wirklich sichtbar, sie umgibt uns. Bildlich gesprochen ist die Bindung wie das Wasser, dessen sich der Fisch nicht bewusst ist, obwohl er ständig davon umgeben ist. Erst wenn er aus dem Wasser, seinem Überlebenselement, geholt wird und ihm dieses fehlt, merkt er: «Es mangelt mir an etwas, das ich dringend benötige.»
Die Bindungsforschung hat ihren Ursprung in den 60-er Jahren in England. Man hat bei Kindern, deren Bindung zu ihren Eltern durch einen Krankenhausaufenthalt unterbrochen wurde, das nährende Umfeld also nicht mehr da war, folgendes beobachtet: Es traten zum Teil massive psychologische Störungen in Form von Traumatisierungen auf. Diese Trennung hatte also starke Spuren in der Psyche des Kindes hinterlassen. Genau an diesem Punkt hat die Bindungsforschung angesetzt und stellte sich folgende Frage: Was geschieht hier, dass die Seele dieser Kinder nach nur kurzer Zeit der Trennung von der Familie dermassen erschüttert wird?

Überträgt man diese Theorie auch auf die Bindung zu ausserfamiliären Personen, zum Beispiel im Umfeld Schule?

Um diese Frage zu beantworten, gehe ich zuerst zeitlich gesehen einen Schritt zurück. Bindungen haben sich über Jahrtausende in der Gesellschaft natürlich entwickelt. Mit der Industrialisierung fingen diese Strukturen an, sich aufzulösen. Das war vor gut 150 Jahren, in England etwas früher. Die Erwachsenen sind aus dem Dorf hinaus in die Städte, in die Fabriken und man wusste nicht, wohin mit den Kindern. Anfänglich mussten sie auch in der Fabrik mitarbeiten, dies wurde später dann zum Glück verboten. Es entstanden die ersten Kindergärten, um die Kinder zu betreuen, später dann die öffentlichen Schulen.

Schule ist ein relativ neues Konzept in der Menschheitsgeschichte. In der Schweiz gibt es sie in der heutigen Form seit etwa 120 Jahren. Von da an wurden die Bindungen verschoben und erweitert durch Personen, die diese Bindungsfunktion vor allem über ihre Rolle eingenommen haben. Dies waren Kindergärtnerinnen, Kindergärtner und Lehrpersonen. Das heisst, dass bis anhin fremde Personen anfingen, eine für das Kind ganz wichtige Funktion zu übernehmen. Das funktioniert so bis in die heutige Zeit hinein, mal gut und mal weniger gut. Dies hängt u.a. auch davon ab, wie stark sich ein Kind zu einer Lehrperson hingezogen oder gebunden fühlt, wie sehr es diese Person mag.

Lernen, das bestätigt unabhängig von der Bindungsforschung auch die Lerntheorie, funktioniert über die Beziehung, also über die Person, die dem Kind das zu Vermittelnde beibringen möchte. Das erste, was ein Kind gefragt wird, wenn es am ersten Schultag nach Hause kommt, ist meistens: «Und, magst du deine Lehrerin?» Wenn das Kind dann antwortet: «Ja, sehr!», so wird der Schulalltag in naher Zukunft vermutlich gut verlaufen. Die Beziehung, die Bindung von dem kleinen Kind zur Person, die die Klasse führt, ist essentiell wichtig. Damit geht einher, dass Eltern und Lehrpersonen am gleichen Strick ziehen sollten. Wenn die Eltern anfangen, gegen die Schule oder die Lehrer Aussagen zu tätigen, dann ist dies für das Kind sehr verwirrend. Es kommt in einen Loyalitätskonflikt und ist zwischen den zwei Polen hin und hergerissen. Meist jedoch wird es sich auf die Seite der Eltern schlagen, was für den Unterrichtenden sehr schwierig werden kann.

Also muss Bindung von beiden Seiten her betrachtet werden. Was aber macht denn Bindung eigentlich aus?

Bindung macht aus, dass unser ‚Bindungsgehirn' – so bezeichnet es Dr. Gordon Neufeld – es denen, an die es gebunden ist, alles recht machen möchte. Das heisst, wenn ich mit einem Kind, sei das als Vater, Mutter oder Lehrperson in einer guten Bindung bin, dann wird das Kind relativ einfach zu erziehen oder zu unterrichten sein. Bindung ermöglicht überhaupt erst Erziehung, beziehungsweise eben Unterricht. Man kann auf der Gymnasialstufe oder an der Universität auch durchaus ohne Bindung unterrichten, weil der junge Erwachsene schon eine starke Eigenständigkeit und Reife entwickelt hat. Aber speziell jüngere Kinder sind ganz besonders auf diese gute Bindung angewiesen.

Ein wichtiger Aspekt ist die bereits erwähnte Polarität. Wenn ich mich an etwas Anderes binde, zum Beispiel an meinen Banknachbarn, weil ich den so toll finde und er für mich viel interessanter ist als die Lehrerin, dann ist all meine Aufmerksamkeit beim Banknachbarn. Als Erwachsener habe ich dann einen schweren Stand, weil ich mich quasi in Konkurrenz zum Banknachbarn befinde.

Die Bindung ist also polar und sorgt dafür, dass ich es demjenigen, an den ich gebunden bin, recht machen möchte. Gleichzeitig macht sie aber auch verletzlich. Je tiefer ich an jemanden gebunden bin, desto mehr öffne ich mich dieser Person gegenüber. Die Person, an die ich gebunden bin, kann mich auch entsprechend verletzen. Wenn das passiert, kann es gut sein, dass ich auf Distanz gehe und ich dann alles tue, um nicht mit dieser Person in Bindung treten zu müssen. Das nennt sich defensive Bindungsabwehr. Meinen Bindungsimpuls, der ja immer noch da ist und nicht einfach verschwindet, wende ich dann anderen Dingen zu. Das kann der Gleichaltrige in einer Gruppe sein, es kann aber auch der Computer, ein Computerspiel, der Teddybär, die Katze oder der Hund sein. Die Bindungsdynamik verschiebt sich.

Die Vorstellung, dass Kinder ohne Bindung überhaupt überleben können, ist utopisch. Das Kind bindet sich also *immer* an irgendetwas. Manchmal wird in diesem Zusammenhang auch der Begriff «Abhängigkeit» verwendet. Im Deutschen ist dies ein vieldeutiger, oft mit etwas Negativem assoziierter Begriff. Der englische Ausdruck «dependency» ist neutraler. Die Abhängigkeit eines Kindes ist immer da und wenn wir es zu früh in die Unabhängigkeit hinein erziehen möchten, so wird es seine Abhängigkeitsbedürfnisse verschieben, eben zum Beispiel in Richtung gleichaltrige Kinder. Von da an ist es für das Kind dann am Wichtigsten, was diese Gleichaltrigen sagen und denken (peer-orientation). Gleichzeitig sinkt der Einfluss von uns Erwachsenen erheblich.

So wie ich das nun verstehe ist die Bindungsforschung nach Gordon Neufeld eher eine Theorie. Gibt es denn bei diesem Ansatz auch praktische Dinge, die man umsetzen kann, zum Beispiel, wenn ich als Lehrerin insbesondere diesen Aspekt der Bindung berücksichtigen möchte?

Beim Neufeld'schen Ansatz geht es viel weniger darum, einem Erwachsenen etwas mit an die Hand zu geben, damit er dem Kind ein unerwünschtes Verhalten abgewöhnen bzw. ein erwünschtes Verhalten herbeiführen kann. Aus dem einfachen Grund, da jedes Kind ganz verschieden ist. Was bei einem Kind funktionieren mag, bewirkt beim Anderen das Gegenteil. Es geht vor allem darum, zu sehen und zu verstehen, wie Kinder, wie wir Menschen funktionieren. Aus diesem Verständnis heraus erkennt man, woher zum Beispiel die Wut des Kindes kommen könnte und kann seine Reaktion nachvollziehen.

Es gibt keine Patentrezepte. Klar ist aber, dass die Bindung an vorderster Front steht. Oft lohnt es sich, die Frage zu stellen: „Hat das Problemverhalten vielleicht mit einer Bindungsstörung zu tun? Wie kann ich zu diesem Kind mehr Vertrauen gewinnen? Was muss ich tun, damit sich dieses Kind hier wohl fühlt?" Ich eigne mir also nicht unbedingt neue Strategien an, es geht vielmehr um eine innere Haltung. Mein Fokus dabei ist, dem Kind es zu erleichtern, sich sicher an mich binden zu können.

Ganz konkret heisst das bei mir zum Beispiel, dass ich zu Beginn der ersten Lektion an der Tür stehe und jeden Schüler persönlich begrüsse. Vielleicht frage ich nach, wie es gestern gelaufen ist beim Fussballspiel oder ob sie wieder ganz gesund sind, nachdem sie zwei Tage krank waren. Oft genügt ein Nicken, ein Lächeln oder ein einfacher Blickkontakt. Es geht darum, immer wieder aktiv in Beziehung zu treten und den persönlichen Kontakt aufrecht zu erhalten. Das klingt banal, ist aber dennoch essentiell wichtig. Wenn ich diesen Bindungsaufbau zu einem Kind schon von Anfang an ganz bewusst und aktiv initiiere, dann ist die Wahrscheinlichkeit klein, dass das Kind den Unterricht stören und mir quasi zuleide leben wird. Eben gerade, weil wir in dieser guten Bindung sind. Es ist wie in der Partnerschaft: Wenn man es gut zusammen hat, dann will man es dem Partner, an den man gebunden ist, das Leben ja auch nicht extra schwermachen.

Wenn irgendetwas nicht stimmt, ist es gemäss dem Ansatz der Bindungstheorie besser, dies zu einem geeigneten Zeitpunkt anzusprechen. Häufig ist es so, dass unter dem Verhalten, welches von uns als störend empfunden wird, eine tiefere Frustration liegt. Vielleicht streiten die Eltern zuhause viel, oder die Schwester ärgert einem andauernd, oder die Freundin möchte seit heute nicht mehr die allerbeste Freundin sein. Die Gründe für eine Frustration sind so mannigfaltig, dass ich nur in der Beziehung, im Gespräch herausfinden kann, was die Ursachen für das störende Verhalten sind. Man muss dabei vorsichtig und behutsam vorgehen. Am besten sucht man nach einer Möglichkeit, es alleine mit dem Kind unter vier Augen bereden zu können. Häufig sind es Themen, die mit Scham- oder Schuldgefühlen behaftet sind. Das Kind muss die Gewissheit haben, dass die anderen Kinder das nicht mitbekommen.

Das oben Genannte ist eigentlich nichts Aussergewöhnliches. Ich denke, viele Lehrerinnen und Lehrer handhaben das bereits intuitiv so. Was ich als viel problematischer erachte, ist der Fakt, dass sich die Volksschule seit einigen Jahren in eine Richtung entwickelt, in der die Möglichkeiten der Beziehungen von den Lehrpersonen zu den einzelnen Schülerinnen und Schülern immer mehr untergraben werden. Immer mehr Fachlehrer unterrichten nur noch einzelne Lektionen in einer Klasse. Das ist eine Entwicklung, die mir Sorgen macht und dem Kind sicher nicht zugutekommt.

Sie sagen, dass ein Kind im «Spielmodus» ist, bis es etwa sieben Jahre alt ist. Was hat das auf sich?

Die Entwicklungspsychologie hat unzählige Forschungsarbeiten und Literatur zum Thema Spielen publiziert, es ist ein zentrales Thema. Das Spielen ist ja nicht nur uns Menschen vorbehalten, es kommt auch bei Tieren vor, vor allem bei jungen Säugetieren lässt sich das sehr häufig beobachten.

Spielen scheint in den ersten Lebensjahren etwas ganz Zentrales zu sein. Es wird auf der ganzen Welt gespielt und es ist etwas, das in uns angelegt ist. Die Natur macht das ja nicht einfach so, sondern es hat durchaus auch seinen Sinn und Zweck. Die Entwicklungspsychologen sagen, dass dies der sichere Raum sei, in dem das Kind für später üben könne. Kinder machen Rollenspiele, sie verkleiden sich, probieren neue Sachen aus, bauen Hütten und so weiter. Dabei werden Fähigkeiten entwickelt, wie das räumliche Denken, das Abstrahieren, kognitiv etwas planen können und vieles mehr. Spielen ist also äusserst wertvoll. Es braucht dazu diesen sicheren Rahmen, wo nichts passieren kann, damit das Kind sich auch entspannen kann. Für ein Kind, das in einem Land lebt, wo Krieg herrscht, wie jetzt zum Beispiel in Syrien oder andern Ländern, ist es schwierig zu einer Entspannung und zu Sicherheit zu kommen. Da ist das Spielen ein Luxus. Leider ist das auch bei uns zu beobachten, wenn Kinder immer mehr ihre Zeit mit Kursen, Freizeit- oder Förderangeboten verplant bekommen. Das ist das Gegenteil von freiem Spiel. Freies Spiel kommt von innen heraus und lässt das Kind quasi sein eigenes Potenzial entdecken. Sie entdecken im Spielen sich selbst und drücken sich aus. Alle Emotionen haben darin Platz und können ungefährdet ausgedrückt und erprobt werden. Die anderen Beteiligten wissen dabei immer, dass ja alles nur ein Spiel ist.

Was kann das für Auswirkungen haben, wenn Kinder den Spieltrieb zu wenig ausleben konnten?

Die Bedeutung des Spiels ist in den pädagogischen Ausbildungsinstitutionen kein Thema, es kommt meines Wissens allenfalls am Rande vor. Kindergärten, das waren mal die Orte wo Kinder frei spielen konnten und viel Zeit für sich oder in der Gruppe hatten. Der Kindergarten hat sich aber inzwischen zu einer Vorschule hin entwickelt, es wird immer weniger gespielt.
Jeder Mensch hat ein Potenzial in sich angelegt. Es gibt einen Plan der Natur. So wird uns zum Beispiel ein junger Apfelbaum nach ein paar Jahren des Wachstums seine Äpfel schenken. Genauso sehe ich

das mit der Natur des Menschen: Sein innewohnendes Potenzial soll entdeckt und ausgedrückt werden können.

Wenn nun das Spielen immer weniger Platz hat, dann habe ich nicht die Möglichkeit, mich wirklich zu erkunden und ich werde dadurch, dass ich relativ früh lange mit anderen Kindern zusammenkomme, in eine gewisse Konformität hineinwachsen.

Von Arno Grün, einem Schweizer Psychoanalytiker, möchte ich folgenden Satz zitieren: «Wir kommen als Original auf die Welt und wir sterben als Kopie». Es wäre doch toll, wenn wir ein Original bleiben könnten! Wenn wir nun sehr früh von unserem freien Spiel weg in eine Gruppe hineinkommen, und es dann auch darum geht, möglichst gut in diese Gruppe hineinzupassen und das freie Spiel wenig Platz hat, dann lerne ich durchaus zu funktionieren. In dieser Gesellschaft werde ich bestimmt auch so meinen Weg machen. Die Frage ist, ob es jener Weg sein wird, der mich einen zufriedenen, erfüllten Menschen werden lässt. Oder muss ich mir irgendwann die Frage stellen, ob ich nicht der Anpassung zuliebe das Leben der anderen gelebt habe? Es hat also auch ganz viel mit Authentizität zu tun, damit, ‚sich selbst bleiben zu können'. Das freie Spiel ermöglicht eben genau dies: Das Erforschen seines eigenen Ichs und jener Welten, die sich von innen nach aussen ausdrücken möchten.

Als weiterer Punkt spielt die Bindungsforschung hinein. Wenn ich nur im entspannten Zustand überhaupt frei spielen kann, dann muss ich mir einer sicheren Bindung in der Nähe gewiss sein. Das kann man sehr gut bei kleinen spielenden Kindern beobachten. Immer wieder werfen sie einen Blick zur Bezugsperson, oder sie zeigen ihr kurz etwas. Die kleinen Kinder spielen zwar vielleicht gerade für sich, müssen sich aber immer wieder versichern, dass die Bindung noch intakt ist. Wenn die Bezugsperson dann plötzlich aus dem Blickfeld verschwindet, kann das für das Kleinkind sehr irritierend sein und einen inneren Alarm auslösen. Das Kind ruft dann sofort nach seiner Mutter und sucht deren Nähe.

Ich habe bisher wenig Einblick in Krippen gehabt. Aber wenn das Kind aus seiner Ursprungsbindung herausgerissen wird und in einem Umfeld betreut wird, wo die Bindung noch nicht etabliert ist, kann dies beim Kind Stress auslösen. Immer mit seiner Betreuungsperson und den anderen Kindern in Kontakt sein zu müssen, beruhigt das Kind nur vordergründig. Das freie Spiel, welches nur in der Entspannung geschehen kann, hat dann keinen Platz mehr. Wenn ich an einem Ort bin, wo ich wenig sichere, konstante Bindung erfahre, wenig Gefühl von Zuhause oder Aufgehoben-Sein sich entwickeln kann, so wird das freie Spiel zu einem Luxus. Da das drängende Verlangen nach einer sicheren Bindung meine höchste Priorität darstellt, hat das freie Spiel wenig bis keinen Platz und wird im Keim erstickt.

Was sagen Sie in diesem Zusammenhang zum spielzeugfreien Kindergarten, der immer öfters als Projekt in Kindergärten durchgeführt wird?

Die Idee, dass sich quasi intrinsisch (von innen heraus nach aussen) etwas ausdrücken sollte, wird natürlich mit dieser Art unterstützt. Da ist nichts von aussen, das den eigenen zarten Impuls erstickt, so wie es ein Übermass an Spielsachen bewirken könnte. Von dieser Idee her finde ich den Ansatz gut. Die Kinder fangen wirklich an, Dinge selber zu entwickeln und erfinden eigene Spiele oder Spielsachen aus Steinen, Ästen oder was gerade vorhanden ist. Ich habe viel Gutes darüber gehört.

Ich denke aber, dass der Aspekt der Bindung zu wenig thematisiert wird. Wenn das, was ich über die Bindungstheorie sage, gelesen oder gehört wird, kommen häufig ganz heftige Reaktionen. Einige denken dann, dass ich das Rollenmodell «Mutter zuhause am Herd» vertrete. Aber darum geht es gar nicht, denn wir leben im 21. Jahrhundert und ganz viele können sich das finanziell schon gar nicht leisten. Mir geht es ganz einfach darum, dass man immer auch die Bindungsthematik berücksichtigt. Wenn ich das Verständnis für diese Bindungsdynamiken habe und weiss, wie elementar wichtig dies für ein kleines Kind ist, dann kann ich meine Beziehung zum Kind anders und bewusster angehen Es geht also keinesfalls darum, ein Lebensmodell gegen ein anderes auszuspielen, sondern nur darum, diese wirklich elementare Bindungskraft in allen Feldern zu berücksichtigen.

Was sagen Sie in diesem Zusammenhang zum Schlagwort «Lieber Qualität, statt Quantität»?

Ich kann hier nur Jesper Juul zitieren, der sagt, dass diese «Quality-Time» eher eine Erfindung von den Erwachsenen ist, um ihr Gewissen zu beruhigen: Wenn man am Wochenende zusammen etwas ganz Tolles unternimmt, dann gleicht dies quasi die unzähligen Bindungslücken der letzten fünf Tage aus. Meine Erfahrung ist, dass die allermeisten Kinder gar nichts Aussergewöhnliches machen wollen. Oft wollen sie einfach nur bei alltäglichen Sachen dabei sein, wenn zum Beispiel Papi das Fahrrad flickt oder Mami Postkarten schreibt. Es geht um den Alltag, und der Alltag ist für Kinder spannend genug. Da braucht es keine besondere «Quality-Time» mit einem ganz besonderen Erlebnis. Das Zusammensein ist für mich das Zentrale. Das, *was* man dann zusammen macht, ist sekundär.

Was brauchen die Kinder Ihrer Meinung nach für eine Schule, unter der Berücksichtigung des Ansatzes der Bindungsforschung?

Ich werde mich da wiederholen: Der zentrale Aspekt der Bindung und die ebenso wichtigen Erkenntnisse der Entwicklungspsychologie. Die Kinder sollten wieder viel mehr Raum und Zeit zum Spielen haben, insbesondere für den Kindergarten finde ich das absolut zentral, sei es mit oder ohne Spielsachen.

Ich habe das Gefühl, dass es so, wie wir es bis vor etwa 20 Jahren, bevor all diese grossen Reformen angefangen haben, instinktiv richtig gemacht haben. Eine bis zwei Bezugspersonen in den ersten Jahren in der Grundschule haben einen einigermassen funktionierenden Unterricht ermöglicht. Auch wünschte ich mir, dass das Persönliche und die Persönlichkeitsentwicklung wieder mehr im Zentrum stehen und nicht diese sehr technokratischen und wahnsinnig durchdachten Lehrpläne und Lehrmittel. Diese werden meiner Meinung nach völlig überschätzt! Es wird sehr viel Geld, Zeit und in Weiterbildungen investiert. Die Schule sollte auf die Bremse treten: Weniger ist mehr!

Letztendlich ist zu einem grossen Teil die Persönlichkeit der Lehrperson und deren Beziehung zu den Kindern ausschlaggebend (s. Studie von John Hattie, Lernen sichtbar machen: „Entscheidend ist: Der Lehrer, die Lehrerin.")

Auch bin ich nicht selten negativ überrascht, wie sehr Schulen sich abgrenzen und wie Eltern aus Schulhäusern, vor allem an den öffentlichen Schulen, ausgegrenzt werden. Es gibt zwar diesen offiziellen Besuchstag. Aber die versteckte Agenda ist: Das Kind muss ganz früh unabhängig werden. Man muss doch berücksichtigen, wo das Kind in seiner Entwicklung *im Moment* steht und seine Bedürfnisse respektieren. Wenn es möchte, dass die Mutter oder der Vater ab und zu mal im Kindergarten oder in der Schule vorbeikommt, dann sollte das kein Problem sein. Die Eltern sollen willkommen geheissen werden und es darf keinen Konkurrenzkampf zwischen dem Zuhause und der Schule geben. Man zieht gemeinsam am gleichen Strang, setzt sich zusammen und schaut, welche Möglichkeiten sich bieten, damit ein Kind sich wohl fühlt an der Schule. Ich wünschte mir, dass man in dieser Hinsicht grosszügiger wird und nicht diese Strenge an den Tag legt.

Jean-Jacques Rousseau hat 1762 den ersten Erziehungsroman geschrieben (Emile oder über die Erziehung) und er hat die wunderschöne Aussage gemacht, dass die Hauptaufgabe der Eltern in Bezug auf die Erziehung ihrer Kinder ist, sich zwischen dem Druck der Gesellschaft und dem Kind zu stellen und folgende Haltung zu vertreten: «Langsam, mein Kind muss nicht jetzt sofort schon alles können. Alles braucht seine Zeit.» Jean-Jacques Rousseau hat das vor 250 Jahren gesagt, lange vor der heutigen postindustrialisierten Gesellschaft! Ich denke, was heute passiert und anscheinend auch dort schon passiert ist, ist folgendes: Die Gesellschaft baut einen Druck auf, und die Eltern geben diesen eins zu eins an ihre Kinder weiter. Die Kinder sind jedoch die schwächsten Mitglieder der Gesellschaft. Sie können sich nicht wehren und versuchen das zu erfüllen, was von ihnen verlangt wird. Viele von ihnen werden so aber krank, bekommen z.B. Allergien, Verhaltensauffälligkeiten oder Depressionen. Die Suizidraten steigen, zum Beispiel in China, wo die Kinder mit Nachhilfestunden rund um die Uhr für die Schule büffeln, nur um später zur Elite zu gehören.
Ich denke, da müssen wir wachsam sein und uns wieder mehr zwischen dem Druck der Gesellschaft und den Kindern stellen. Wenn wir das nicht tun, wer sonst steht für unsere Kinder ein!
Jedes Kind hat ein Recht auf eine möglichst unbeschwerte Kindheit!

Daniel Mülli

Daniel Mülli ist seit 1998 innerhalb der Rucksackschule in der naturbezogenen Umweltbildung tätig. Nach vorheriger, kurzer Tätigkeit in der Wildbiologie begann ihn die Vermittlung von Wissen immer mehr zu begeistern. Hinzu kam das Interesse an der zugehörigen, spezifischen Didaktik.

Seither begleitete er zunächst vorwiegend Kinder in Schule und Freizeit auf verschiedensten (Lern-) Wegen in die Natur, unter anderem im Rahmen von Begabungsförderungsunterricht.

Heute sind es mehrheitlich erwachsene Multiplikator/innen. Ergänzt wird dies durch konzeptionelle, naturpädagogische Arbeiten. Seine Tätigkeit setzt sich für ihn – aus Sicht des Publikums der Rucksackschule – zusammen aus Wissenserweiterung, Erlebnismöglichkeiten, Sensibilisierung und der Begegnung mit sich selbst.

www.rucksackschule.ch
www.meisterschaft-naturpaedagogik.ch

Was macht ein Naturpädagoge?

Ich gehe mit verschiedenen Altersgruppen und auch Zielgruppen von Menschen nach draussen, um die Natur unmittelbar zu erfahren oder aus ihr zu lernen. Ich bin nicht Lehrer im klassischen Sinne, dass ich mit einer bestehenden Gruppe von Kindern oder einer Klasse täglich oder regelmässig nach draussen gehe, sondern ich mache Interventionen in Klassen. Vielleicht bin ich eine Woche, einen Tag oder über ein Jahr verteilt mehrere Tage mit dieser Klasse zusammen. Gewisse Kontinuität ist teilweise da, aber ich bin nicht die eigentliche Lehrperson und bin in der Regel nur mit ihnen unterwegs, wenn wir eben zu diesen besonderen Anlässen nach draussen gehen.

Ich bin Teil einer Institution, die sich «Rucksackschule» nennt und man kann mich oder andere Leute aus dem Team buchen. Wir werden häufig von Schulen oder einzelnen Schulklassen für ein bestimmtes Thema, ein bestimmtes Projekt oder für grössere schulstufenübergreifende Projekte mit bis zu mehreren hundert Kindern angefragt.

Warum buchen dich Lehrpersonen? Können diese nicht auch mit ihren Klassen selber nach draussen gehen, um von der Natur zu lernen?

Im Grundsatz kann das jede Lehrperson natürlich selber machen. Es kommt vor, dass wir gar nicht beigezogen werden, um direkt mit den Kindern zu arbeiten, sondern eher um die Lehrpersonen auf ein Projekt vorzubereiten. Was wir mitbringen ist, spezifisches methodisches und natürlich auch fachliches Knowhow, wenn es darum geht, Natur zu erfahren oder eben in der Natur und mit der Natur zu lernen. Wir können diesbezüglich bestimmt etwas mehr vertiefen als es jetzt eine Lehrperson ohne besondere Vorbereitung, ohne einen grösseren Aufwand oder ohne einen besonderen Bezug zu diesem Thema könnte. Insofern sind wir ein Dienstleister für Schulen in diesem Bereich.

Die Natur als Lehr- und Lernort, was bedeutet das? Viele denken da gerade zuerst an den Wald, aber es gibt ja noch andere Gebiete.

Der Wald ist ein phantastischer Lernort, er bietet eine Vielfalt von Materialien und Phänomenen von unterschiedlichen Lebensräumen auch innerhalb des Waldes, von «Waldbildern», wie ich es auch gerne nenne. Es ist tatsächlich so und ich denke, das kommt auch aus der ganzen Bewegung von den Waldspielgruppen und Waldkindergärten, dass man sehr schnell an den Wald denkt, wenn es um einen naturbezogenen, ausserschulischen Lernort geht. Aber eigentlich bilden auch beliebige natürliche Umgebungen oder auch von Menschen gestaltete oder in der Natur liegende Umgebungen wunderbare Lernorte. Das kann ein Bach irgendwo am Dorfrand oder ein kleinerer Fluss sein, das kann eine artenreiche Wiese (kein Fussballrasen) oder auch die Umgebung des Schulhauses sein. Die ganzen Natur-Prozesse im Wechsel der Jahreszeiten finden auch in der unmittelbaren Umgebung des Schulhauses statt, wo man meistens Bäume, Sträucher, Kleinlebewesen und Blütenpflanzen verschiedenster Art findet. Das ist gerade für Schulklassen eine sehr niederschwellige und naheliegende Möglichkeit, nach draussen zu gehen. Ich erwähne gerne das Beispiel der Laubverfärbung: Da muss man eigentlich nicht in den Wald, um diesbezüglich sehr viel mitverfolgen zu können und auch zu schauen, was mit diesen Blättern geschieht und welche Phänomene damit verbunden sind.

Der Wald ist also phantastisch. Manchmal ist es aber auch ein bisschen aufwändig, in den Wald zu gehen. Da bieten auch der Siedlungsraum, die Agglomerationsräume oder eine landwirtschaftliche Zone irgendwo am Dorfrand sehr viele Möglichkeiten.

Welche Vorteile bietet das Lernen von und in der Natur?

Unser Anliegen ist es zu vermitteln, dass Schülerinnen und Schüler beim Lernen mit Originalbegegnungen sehr stark profitieren können. Es geht um die unmittelbare Begegnung und Erfahrung mit dem Lernobjekt. Die Sache soll im Zentrum der Sachauseinandersetzung stehen. Mediale Zugänge sind ergänzend sicher sinnvoll und berechtigt. Aber lohnt es sich unbedingt, die Natur als Lernort oder Lernumgebung aufzusuchen, weil sich da sinnliche Wahrnehmung, das Be-Greifen, das Haptische, die Gerüche, die Geräusche, spontane oder unerwartete Entdeckungen anbieten und die Natur einem Fragen eigentlich auch fast aufdrängt. Die Lust oder Freude an der Entdeckung entsteht oft in der unmittelbaren Begegnung. Man wird in der Umgebung sofort fündig und dann stellen sich Fragen wie: Wer ist das? Wie lebt er? Was machen die da? Was fressen sie? Diese Fragen stellen sich in der direkten Begegnung mit den Tieren, mit der Natur. Das finde ich das Wertvolle.

Ich denke, die Schule der Zukunft oder auch die Schule der Gegenwart schon sollte unbedingt versuchen, wo es möglich ist auch in anderen Feldern als nur in der Natur, Schülern unmittelbare Erfahrungen zu ermöglichen.

In der Naturbegegnung entstehen ja immer viele Fragen. Wie gehst du denn mit den Fragen um, die Kinder stellen? Hast du ein pädagogisch-didaktisches Konzept?

Ich möchte gar nicht so stark nur von mir ausgehen, sondern auch von der Lehrperson. Ich habe vorhin den Unterschied geschildert, wenn jemand von uns auftritt und die Lehrperson im vertieften Wissen innerhalb eines Fachs vielleicht andere Voraussetzungen hat. Ich stelle einfach fest, dass manche Lehrpersonen sich scheuen in die Natur zu gehen, gerade weil dann diese Fragen auftauchen und damit die Befürchtung entsteht, dass sie diese dann nicht so einfach beantworten können. Aber wer kennt denn schon all die Blütenpflanzen, all die kleinen Tiere und wer weiss denn genau ob in diesem Loch eine Maus oder ein Maulwurf lebt? Ich glaube, wichtig ist ein kreativer Umgang mit diesen Fragen. Also das Aufgreifen von Fragen, das Arbeiten mit Hilfsmitteln, die es auch ermöglichen solche Fragen gemeinsam zu beantworten. Es gibt für die Schule sehr spezifische Lehrmittel, zum Beispiel wenn es darum geht, Kleintiere zu bestimmen.

Wenn ich draussen bin, versuche ich nicht einfach das Lexikon zu spielen für die Schüler. Ich lasse sie Vermutungen anstellen und Hypothesen aufstellen. Ich führe das Gespräch so, um der Schülerin oder dem Schüler zu helfen, die eigenen Vorstellungen aufgrund dessen, was bezüglich eines Tieres oder eines Lebensraums Sinn macht oder nicht Sinn macht, ein bisschen näher zu kommen. Manchmal ist es trotzdem hilfreich, Lexikon zu sein, denn manchmal verlangt es auch nicht mehr als eine enzyklopädische Antwort auf die Frage «Was ist das?» oder «Was fressen die?» oder «Was machen die im Winter?».

In der Regel ist es aber spannender, diese Fragen zu spiegeln und die Schülerin oder den Schüler weiterdenken zu lassen, diese Fragen allenfalls auch mit ins Schulzimmer zu nehmen und Recherchen zu betreiben.

Gerade in der Art und Weise wie wir arbeiten, ist die Vor-und Nachbereitung im Unterricht sinnvoll. Da bin ich dann häufig eben nicht mehr dabei. Oder wir gehen schon mit Fragen nach draussen und versuchen, Antworten direkt mit den Phänomenen, mit den Objekten zu erarbeiten. Oft sind es Fragen, die sich zwar mittels Sachtexten oder Internet sofort beantworten liessen. Ihnen aber auf diese Art auf den Grund zu gehen, ist wesentlich spannender.

Stimmt es, dass das neue Wissen dann so auch besser hängen bleibt?

Ja, weil es mit dem eigenen Erleben, mit der eigenen Wahrnehmung, mit der direkten Begegnung zu tun hat. Das sagt auch die bestehende Lernforschung. Ich glaube, der Wert des ausserschulischen Lernens ganz generell ist nicht mehr umstritten.

Was ich noch erwähnen möchte ist, dass nebst dem weiter oben genannten Hemmschuh der logistische Aufwand hinzukommt, den ich als Lehrperson betreiben muss. Aber der lohnt sich, wenn man das ausserschulische Lernen regelmässig betreibt. Dann kommt dann natürlich auch eine Routine rein: Man kennt den Ort, die Treffpunkte, man weiss, wie die Ausrüstung etwa sein muss. Wichtig dabei ist die Regelmässigkeit und nicht die Häufigkeit.

Die heutigen Schulklassen sind ja sehr heterogen, beziehungsweise multikulturell. Wer kann nun besonders von der Naturpädagogik profitieren?

Ich würde es nicht an der multikulturellen Schiene aufhängen. Generell haben Schülerinnen und Schüler bereits einen unterschiedlichen Zugang zum Draussen sein bei jedem Wetter, zum Aufenthalt unter freiem Himmel, zum Schmutzig- oder Nasswerden und auch zur Vertrautheit mit den Dingen in der Natur, die man berühren darf. Die Voraussetzungen sind also sehr unterschiedlich. Das gilt natürlich schon auch entlang solcher quasi ethnischer oder kultureller Grenzen. Ich denke, wir bieten gerade auch Schülerinnen und Schülern mit Migrationshintergrund aus anderen Kulturkreisen die Möglichkeit zu dieser Begegnung. Es ist nämlich auch für diese eine Chance, losgelöst vom kulturellen Kontext der zuhause herrscht, eine Begegnung mit der Natur zu haben und zu sehen wie das ist, wenn man schmutzig wird oder sich draussen aufhält. Es ist mir klar, dass es für viele Bevölkerungsgruppen auch nicht einen Selbstwert darstellt, nach draussen zu gehen. Wir Mitteleuropäer haben auch gewissermassen ein idyllisches Bild von der Natur und Natur stellt einen Selbstwert dar: die Ruhe draussen, die Einsamkeit, die Unverdorbenheit der Natur. Dieses Bild herrscht nicht überall vor. Und ich denke, es ist für diese Kinder auch eine Begegnung mit diesem Naturbild oder diesen Aspekten der Natur, die bei ihnen in ihrem kulturellen Kontext nicht im Zentrum stehen.
Andere Dinge sind wiederum sehr vertraut, zum Beispiel das Essensammeln draussen. Es gibt Kinder, deren Eltern aus Kulturkreisen stammen, die sich das eigentlich gewohnt sind. Umgekehrt ist das dann für andere etwas Unfassbares, etwas das man gesammelt hat direkt zum Mund zu führen und zu essen. Ich denke, letztendlich ist es einfach ein Türöffner, das gilt aber von mir aus gesehen nicht nur

vor dem kulturellen Hintergrund. Da bringen auch «unsere» Kinder sehr unterschiedliche Voraussetzungen mit.

Ihr bildet auch erwachsene Menschen aus, die dann selber Kurse geben können. Kannst du uns da ein paar Infos geben?

Einerseits machen wir klassische naturkundliche Angebote für interessierte Menschen (man muss also nicht Lehrer sein). Beliebt sind zum Beispiel Kurse, in denen man essbare Wildpflanzen kennenlernt. Solche Kurse gibt es aber auch als Lehrerweiterbildung. Wir sind in verschieden Kantonen in den Weiterbildungsprogrammen vertreten mit methodischen oder naturkundlichen Kursen, die auch ein Grundwissen vermitteln.

Dann gibt es auch Kurse spezifisch für Menschen die ganz allgemein mit Kindern in der Natur arbeiten möchten. Das können Waldspielgruppen oder Freizeitangebote für Kinder verschiedener Altersstufen sein. Da vermitteln wir praktische Fertigkeiten die draussen nützlich sind, wie Feuer machen, einen Wetterschutz einrichten usw. Wir vermitteln auch Methodisches, zum Beispiel wie man naturpädagogisch arbeiten kann und welche Arten von Zugängen bezüglich des Lernens oder des Erlebens es gibt. Grundkenntnis in Flora und Fauna ist natürlich auch ein Thema. Zum Beispiel lernt man, was man mit Pflanzen alles machen kann, wie man Pflanzen begegnet oder wie kann man Tieren auf die Spur kommen kann, auch wenn man sie nicht unmittelbar sehen kann. Erste Hilfe bei Kindern in Outdoor-Situationen wird auch thematisiert. Natürlich kommt da noch vieles mehr hinzu. Auf der Website www.meisterschaft-naturpaedagogik.ch erfährt man mehr über diese Ausbildungen.

Interview mit Monika Peter

Monika Peter ist Inhaberin von Artsocial - die Kunst sozialer Lösungen. In ihrer Praxis coacht sie Kinder und Jugendliche in ihren Anliegen.
Parallel dazu berät und coacht sie Menschen, welche mit Kindern und Jugendlichen arbeiten. Themen sind: Teamzusammenarbeit, Umgang mit Schwierigkeiten in Gruppen oder Klassen, oder Entwicklung der sozialen Prozesse im Allgemeinen. Soziale Lösungen erfordern fachliche und menschliche Kompetenz, sowie Innovation, um Neues zu wagen. Hier stellt Monika Peter die Neue Autorität nach Haim Omer vor und berichtet von ihren Erkenntnissen aus der Praxis.

www.artsocial.ch

Wie bist du auf den Ansatz der Neuen Autorität nach Haim Omer gekommen und warum hast du dich ausführlich damit auseinandergesetzt?

Ich habe den Ansatz 2004 kennengelernt. Damals arbeitete ich als Schulsozialarbeiterin an einer Brennpunktschule, wo es viele schwierige Situationen und Eskalationen gab. Ich arbeitete systemisch-lösungsorientiert, erarbeitete Lösungen mit Kindern und Jugendlichen und auch mit deren Eltern. Die Schule selber hatte auch Lösungen, allerdings eher im disziplinarischen Bereich. Die beiden Systeme (Soziales und Disziplinarisches) waren für mich nicht optimal miteinander verknüpft.

Ich habe dann den Ansatz von Haim Omer 2004 kennengelernt und gemerkt, wie toll dieser Ansatz ist, weil er Verschiedenes miteinander verbindet. Er umfasst mit seinen systemischen Lösungen auch weiter entferntere Systeme, wie «Dorf/Stadt», «Freizeitbereich» und «alle anderen Mitbeteiligten».

Mir hat der gewaltfreie Widerstand imponiert, womit destruktive Verhaltensweisen verändert werden können. Ebenso beeindruckend fand ich die Idee, dass alle gemeinsam an einer Lösung arbeiten. Vorher hat jede Disziplin seine eigenen Lösungen und Ideen gehabt. Durch das neu entstandene Netzwerk kann nun Vieles verbunden werden.

Das alles hat mich sehr motiviert. Ich habe dann die Lehrpersonen und die Schulleitungen animiert, diese Weiterbildung auch zu machen, so dass wir wirklich eine gemeinsame neue Haltung im Schulleben entwickeln konnten.

Welches sind die Grundprinzipien der Neuen Autorität?

Während 8 Jahren haben wir an der Schule interdisziplinär nach dem Ansatz von Haim Omer gearbeitet und haben folgende Grundprinzipien entwickelt, die wir als hilfreich erachteten: Präsenz, Beziehung, Ressourcen, Transparenz (Handlungsschritte öffentlich machen), Kooperation und Beharrlichkeit (Dranbleiben an Zielen und Vereinbarungen).

Anhand dieser Prinzipien lassen sich Fälle und Geschichten reflektieren. Im Zentrum steht für mich die Präsenz, welche sich in verschiedene Aspekte aufgliedert:

a) Präsenz zu mir selber (Wie fühle ich mich als Mutter/Vater oder als Lehrperson? Wie ist mein Autoritätsgefühl? Welche Werte möchte ich zeigen und vermitteln?)

b) Präsenz im Raum (Wie stehe ich da? Welche nonverbalen Signale sende ich aus?)

c) Präsenz gegenüber der Schülerin/dem Schüler (zum Beispiel Interesse an den Schülern und an ihren Entwicklungsschritten zeigen)

d) Innere Präsenz (Wachsamkeit und Klarheit in Bezug auf die nächsten Handlungsschritte)

e) Präsenz in der Vernetzung (mit anderen Lehrpersonen, Eltern, Fachstellen, usw.)

f) Präsenz nach aussen (Informationen, Schritte klar kommunizieren)

Das tönt sehr anspruchsvoll und komplex. Du hast gesagt, dass kurze Übungen helfen können, die Prinzipien zu erforschen und zu erfahren. Kannst du uns eine Anleitung zu einer kurzen Übung zum Autoritätsgefühl geben?

Ja gerne, ich wähle dabei die «Du»-Form.

Wähle eine konkrete Situation, in der du in einem ressourcevollen Autoritätsgefühl gewesen bist, in der du dich kongruent mit deiner Rolle gefühlt hast, sei das als Lehrperson gegenüber einer Schülerin/einem Schüler oder als Mutter/Vater.

Wenn du eine solche konkrete Situation hast, reist du nun innerlich zu dieser Situation.

Nimm nun diese Situation mit allen Sinnen wahr und reflektiere:
Was siehst du? ... Wie zeigt sich deine Umgebung? ... Wer ist noch da? ... Was tust du? ... Was kannst du hören? ... Wie sind deine Bewegungen? ... Wie ist dein allgemeines Körpergefühl in dieser Situation? ... Welche Gedanken hast du in dieser Situation? ... Was kannst du gut in dieser Situation? ... Was haben vielleicht andere schon gesagt, was du gut kannst? ... Was hast du gelernt? ... Was kannst du gut, auch durch deine Erfahrung? Und was noch? (wir können ja immer verschiedene Sachen gut, nur sind wir uns nicht immer darüber bewusst) ... Was ist dir in dieser Situation wichtig? ... Was möchtest du übermitteln? Wovon bist du innerlich überzeugt? ... In welcher Rolle fühlst du dich in dieser Situation? (da hilft meistens ein Rollenvergleich: ich fühle mich wie...) ... Vielleicht taucht auch eine Metapher auf, zum Beispiel eine aus dem Tier- oder Pflanzenreich. Diese kannst du als innere Ressource für dich mitnehmen (zum Beispiel ein starker Bär, ein Fels in einer Brandung ...)

Dann kannst du dich wieder aus dieser Situation lösen und hier ins Jetzt zurückkommen.

Wenn eine Metapher entstanden ist, kann man diese in den Alltag integrieren, in kleineren und grösseren Kontexten. Gut wäre es, wenn man dies übt, wenn der Stress nicht gross ist, so dass man diese Metapher in den entscheidenden Situationen innerlich zur Verfügung hat.

Wie soll man nun vorgehen, wenn man diesen Ansatz in der Schule umsetzen möchte?

Ich würde empfehlen zuerst zu schauen, was die Stärke ist. Was machen wir an unserer Schule schon gut? Was ist unsere Spezialität? Worauf können wir bauen (sicherer Boden)?

Nachdem man den Ansatz kennengelernt hat, entscheidet man sich, welche Kompetenzen man als Kollegium bewusst dazu nehmen möchte.

Grundsätzlich ist dieses Prinzip der Neuen Autorität ja nicht neu. Wir kennen das von früher oder auch zum Teil heute noch, als in einem Dorf alle aufeinander geschaut haben. Das hatte, wenn man zurückdenkt, einen etwas negativen Touch, weil alle wussten, wo wir uns befanden, mit wem wir aus waren, usw. Aber heute, wo die Menschen isolierter leben, wo die Familien eher verkleinert sind oder viele Alleinerziehende mit ihren Kindern allein sind, versucht man mit diesen Kooperationen, die man bewusst wieder bildet, die Gemeinschaft eines Dorfes zu simulieren. Das Prinzip von früher hat man also auf die heutige Zeit übertragen. Das neue daran ist die Kombination von gewaltfreiem Widerstand und das Pflegen der Kooperationen.

Wie gehst du vor, wenn eine Schule mit dir arbeiten möchte?

Zuerst klären wir die Bedürfnisse gemeinsam ab. Möchte eine Schule:

- eine Information über diesen Ansatz?
- Prozessschritte reflektieren?
- ihren Handlungsspielraum erweitern?
- oder in einen grösseren Prozess einsteigen?

Ich empfehle auch genau zu reflektieren, ob eine grössere Mehrheit das umsetzen möchte, dann hat es auch Erfolg. Möglich ist auch, dass eine Schule mit einer Pilotgruppe startet, welche dem Kollegium von den Fortschritten oder Erfolgen mit dem Umsetzen dieser Prinzipien berichtet.

Zu Beginn hast du erzählst, dass du an einer Schule gearbeitet hast, die das Konzept der neuen Autorität erfolgreich umgesetzt hat. Könntest du uns mehr darüber erzählen?

Wie bereits erwähnt, arbeitete ich an einer sogenannten Brennpunktschule mit vielen schwierigen Situationen, sowohl mit einzelnen Jugendlichen und als auch mit ganzen Klassen.

Am Anfang machten wir «Feuerwehrübungen», um die Gewalt zu mindern und die Situation zu beruhigen. Wir haben mit Schulklassen einige Sit-Ins gemacht. Weiter haben wir Zielvereinbarungen und Wiedergutmachungen erarbeitet.

Es braucht sehr viel Zeit, um die Klassen bei solchen Prozessen zu begleiten. Wir haben dann auch Eltern mit in die Schulzimmer hineingenommen, um Situationen zu beruhigen. Wir haben Klassen verkleinert oder gemeinsam mit allen Beteiligten Lösungsdiskussionen geführt.

Das hat dann sehr viele Veränderungen ins Positive herbeigeführt: Klassen sind ruhiger geworden, Verhalten haben sich verändert. Man hat gemerkt, dass hingeschaut wird, einerseits von Seiten der Lehrpersonen und der Schulleitung. Andererseits bestand auch die Möglichkeit des sozialen Trainings, was dann meistens meine Aufgabe war.

Wir sind mit Beharrlichkeit drangeblieben, haben Gespräche und Kontakte eingefordert. Wir haben verschiedene Kooperationen (im Lehrerteam und ausserhalb der Schule, zum Beispiel mit dem Fussballtrainer) gebildet und diese auch genutzt, beispielsweise in Form von Helferkonferenzen.

Wir haben die Schülerinnen und Schüler präventiv geschult, und zwar in Kommunikation und Streitschlichtung. Wir haben viele gemeinschaftsfördernde Anlässe miteingebaut. Das hat soweit geführt, dass nach einigen Jahren gemeinsamer Arbeit, die älteren Schülerinnen und Schüler die jüngeren darauf hingewiesen, wie sie sich an der Schule verhalten müssen.

Es ist dann sehr schön, wenn positive Rückmeldungen nicht mehr nur von den Erwachsenen kommen, sondern auch von Gleichaltrigen. Ebenso gab es Eltern, die uns mitteilten, wie froh sie waren, dass ihre Kinder in eine so familiär geführte Schule gehen konnten. Dabei war da nicht keine Autorität mehr da, sondern der Rahmen war klar, was man durfte und was nicht, wo Anordnungen galten und wo Vereinbarungen willkommen waren.

Worin besteht dein Angebot?

Einerseits bilde ich Menschen in diesem Ansatz aus. Das kann in der Einzelberatung passieren oder in der Schule/Institution oder in Teams. Das mache ich hier in der Schweiz.

Andererseits biete ich auch eine eins zu eins online-Weiterbildung zum Konzept der Neuen Autorität an. In fünf Modulen bekommt man Hintergrundinformationen. Es gibt Reflexionsfragen zum Beantworten, dazu gebe ich jeweils ein persönliches Feedback. Mein Ziel ist es, dass man den Ansatz sofort im eigenen Arbeitsfeld umsetzen kann. Die online-Weiterbildung richtet sich nicht nur an Lehrpersonen oder Sozialpädagogen, sondern auch an alle interessierten Menschen.

Gibt es im Zusammenhang mit dem Kongressthema noch eine Botschaft, die du uns vermitteln möchtest?

Im Laufe meiner Tätigkeiten an verschiedenen Schulen habe ich gemerkt, dass es für Kinder und Jugendliche wichtig ist, einen klaren und sicheren Rahmen zu haben und dass die Regeln für alle Beteiligten transparent und präsent sind.

Weiter finde ich es wichtig, dass die Kinder und Jugendlichen diese Grenzen durchaus austesten dürfen und können, dass sie lernen mit diesen Grenzen umzugehen, weil sie an diesen Herausforderungen nämlich auch wachsen.

Nicht vergessen darf man den wertschätzenden Umgang, das wahre Interesse am Kind. Wenn Kinder wissen, dass Lehrpersonen und andere Personen wirklich an ihnen interessiert sind, dann festigt sich auch die Autorität einer erwachsenen Person. Nicht zuletzt fördern viele gemeinschaftsbildende Anlässe das Zugehörigkeitsgefühl. Es muss auch Raum für Spiel und Spass geben.

Interview mit Thomas Richter

Thomas Richter leitet das Schweizerische Institut für Gewaltpräven-
tion (SIG). Dieses hilft Schulen, ein genau auf die Situation vor Ort
abgestimmtes Vorgehen in der Präventionsarbeit umzusetzen. Dieses
beinhaltet gezielte Massnahmen auf allen Stufen (Lehrpersonen,
Klassen, Eltern). In heraufordernden Situationen hilft das SIG
beim Entschärfen. Das Institut vermittelt auch Fachleute für Ver-
anstaltungen wie zum Beispiel Vorträge oder Elternabende.

www.sig-online.ch

Viele Schulen sind knapp an Ressourcen und müssen sich sehr genau überlegen, ob sie eine auswärtige Fachperson beiziehen wollen. Warum lohnt es sich denn trotzdem, Ihr Angebot an Schulen einzuführen?

Ich stelle fest, dass die Klassen immer heterogener werden. Dadurch entstehen manchmal sehr grosse Unterschiede zwischen den Klassen. Das Ziel jeder Schule ist es, dass die Kinder sich wohl fühlen. Das knappe Geld ist wirklich ein Thema. Wir haben darum eine Methode entwickelt, bei der wir nicht mit einem fixfertigen grossen Baustein kommen, sondern viele einzelne Bausteine anbieten.

Wir haben gemerkt, dass dieser modulartige Aufbau sehr wichtig ist, damit eine Schule langsam und Schritt für Schritt die Instrumente einführen kann, wenn sie wenig Ressourcen zur Verfügung hat.

Was ist der erste Schritt, wenn eine Schule Sie anfragt?

Wir fragen zuerst die Ansichten und Einschätzungen der Lehrpersonen ab. Dafür haben wir eine Methode entwickelt, um ein Profil für die jeweilige Schule zu erstellen. Anhand dieses Profils erkennt man dann gut, was wichtig ist, was schon abgedeckt ist und in welchen Bereichen Bedarf besteht.

Was bei diesen Analysen immer herauskommt ist, dass die Lehrpersonen merken, dass es vier Themen gibt, an denen man mit den Klassen arbeiten sollte und genau darauf haben wir unsere Basis aufgebaut. Das sind die Themen «Grenzen», «Konflikte lösen» und «Deeskalation». Beim vierten Thema geht es um die Frage, wie man die heterogene Klasse zu einem sehr guten Team zusammenbringen kann.

Das sind ja alles sehr komplexe Themen. Können Sie uns ein Beispiel machen, wie Sie da konkret vorgehen?

Ich beginne mit dem Thema «Grenzen». Da gibt es meine persönliche Grenze und es geht dann darum, dass ich rechtzeitig merke, wenn zum Beispiel jemand auf dem Pausenplatz ein bisschen Streit sucht. Einige Kinder merken das früh, und können dem aus dem Weg gehen. Aber es gibt Kinder, die merken es erst, wenn der Streit schon da ist. Somit ist es wichtig zu üben, wie man sich geschickt in einer Gruppe bewegt.

Dann geht es darum, die Grenzen beim Gegenüber rechtzeitig zu bemerken. Vor allem im Spiel passieren viele Grenzüberschreitungen, die dann zu Eskalationen führen können. Dazu haben wir eine Methode entwickelt, die anders ist als die meisten Schulen es tun. Die meisten Schulen arbeiten nämlich mit der Stopp-Regel. Wenn man die Stopp-Regel aber ganz genau auslegt, und das machen die Kinder eigentlich, da kann man den anderen so lange piesacken, bis der Stopp sagt. Wir haben gemerkt, dass dies zwei Nachteile hat: Erstens ist es meist viel zu spät, wenn Stopp gesagt wird. Das Gegenüber ist dann also schon sehr wütend und emotional aufgeladen. Der zweite Nachteil liegt darin, dass die Verantwortung so beim anderen Kind liegt. Wir haben das dann umgedreht und eine der wichtigsten Übungsmethoden ist dann, den Kindern zu beizubringen, aufzuhören bevor die andere Person Stopp sagt. Schön ist es in den Übungen zu erleben, dass das Zusammenleben dann viel mehr Spass macht und vor allem merken die Kinder auch, dass sie das sehr gut können. Man schaut dann vor allem auf die Körpersprache und wir haben entsprechend viele Übungen, in denen man lernt, auch feinste Veränderungen in der Körpersprache zu lesen und rechtzeitig aufzuhören. Wichtig ist uns, dass man so trainiert, dass das Gelernte sehr tief im Gehirn verankert wird. Wenn ich etwas auf den Grund eines Sees werfen möchte, dann bringt es nichts, wenn ich ein Holzstück reinwerfe, sondern ich muss einen Stein nehmen. Das geschieht auch bei unseren Übungen, die gehen sehr tief rein und die Kinder sind dabei sehr aktiv und erleben sehr viel.

Wir arbeiten mit Leveln, das heisst die Lehrperson kann damit sehr gut einschätzen, wo die Klasse steht und wie sie mit der Klasse weiterarbeiten will. Ganz wichtig bei diesen Übungen ist es, dass man die Klasse weder überfordert noch unterfordert, weil sonst entweder Frustration entsteht oder der Lerneffekt ausbleibt. Das Ziel solcher Übungen ist, dass die Schüler lernen, zuerst auf sich zu achten und dann mit steigendem Level auch auf das Gegenüber oder auch auf Lehrperson und deren Grenze.

Die höheren Level sind für die Klassen sehr anspruchsvoll. Ich komme aber immer mit allen Klassen auf den höchsten Level, nur die Zeit, die ich dafür brauche ist unterschiedlich.

Es gibt auch Übungen, die Kinder mit Erwachsenen machen können. Eine möchte ich hier beschreiben: Das Kind versucht, die Füsse des Erwachsenen zu fangen und umgekehrt. Gleichzeitig muss das Kind immer wieder feststellen, ob die erwachsene Person noch mitmachen möchte. Das erkennt man sehr gut im Gesicht, das heisst also, das Kind muss aktiv von den Füssen immer wieder auf das Gesicht schauen und ganz gut beobachten, ob das Gegenüber noch weitermachen möchte. Wenn es beim Gegenüber die kleinsten Anzeichen sieht, dann hört es sofort auf und geht dann zu einer anderen Person. Das Kind lernt dadurch auch, dass man es bei jedem Menschen ganz anders sieht, wenn dieser genug hat.

Beim Thema «*Deeskalation*» gehen wir davon aus, dass die Grenze manchmal absichtlich oder manchmal auch unabsichtlich überschritten wird. Da lernen die Kinder zum Beispiel, was sie tun können, wenn sie sich «genervt» fühlen. Sie können weggehen oder die Situation ansprechen. Dies wird mit den Kindern intensiv trainiert.

Ebenso lernen die Kinder, wie man sich selber nach einer Eskalation «abkühlen» kann. Die älteren Kinder üben dann auch sogar, wie man sich als Gruppe «abkühlen» kann. Dazu gibt es zum Beispiel die Stabübung, bei der eine ganze Klasse zusammen einen langen Stab, der auf den Händen liegt, langsam ablegt. Zuerst klappt das oft nicht, der Stab geht sogar nach oben. Man kann also sagen, je mehr es eskaliert, desto höher geht der Stab rauf. Die Kinder möchten das Ziel aber immer erreichen und ich habe noch nie eine Klasse erlebt, der es egal war, ob sie diesen Stab runterbringt oder nicht. Dieser Weg vom «es geht noch nicht» bis zu «wir haben es geschafft» ist sehr wichtig, ebenso die Reflexion, die zwischendurch stattfindet. Man sollte aber immer nur ganz kurz reflektieren, oft wird meiner Meinung nach viel zu viel geredet. Über das Reden lernt das Kind nicht annähernd so viel, wie über das Handeln.

Beim Thema «*Konfliktlösung*» gibt es zwei Stufen. In der Unterstufe und Mittelstufen brauchen wie dafür die Begriffe Maus- und Eulenlösungen. Mauslösungen sind die ganz schnellen Lösungen. Etwa 99% aller Konflikte werden so gelöst.
Ein Spiel, das wir oft einsetzen ist das Spiel «Schere-Stein-Papier», im Sinne von «Heute bist du dran, morgen ich». Da streiten sich zum Beispiel zwei Kinder um einen Ball. Dann machen sie «Schere-Stein-Papier» um auszumachen, wer den Ball haben darf. Wenn eine Lehrperson solche Rituale oft trainiert, läuft der Alltag reibungsloser, weil die Kinder diese Lösungen auch wirklich anwenden.
Bei grossen Streitereien wenden wir die «Ideensammlung» an. Das heisst, man sammelt zuerst alle Lösungen, die es gäbe und man kann da auch andere Leute fragen. Danach bewertet man diese Ideen. Wir haben ein Verfahren entwickelt, mit dem die Kinder immer auf eine Lösung kommen. Ich bin sehr fasziniert, wie das funktioniert. Ich habe auch selten erlebt, dass es in einer Gruppe nicht gelang, eine Lösung zu finden.

Wir haben auch Teamübungen, mit denen trainiert man diese drei Fertigkeiten «Grenzen», «Konflikte» und «Deeskalation» parallel. Eine Übung besteht zum Beispiel darin, eine Kugel gemeinsam zu transportieren und in ein Ziel zu bringen. Wenn die Kugel runterfällt, dann muss die ganze Gruppe zurück, da ist also Teamwork gefragt. Wenn man solche Übungen mit einer Klasse macht, kommen in jeder Klasse ganz andere Stärken und auch ganz andere Schwächen zum Vorschein. Dann kann ich als Anleiter ganz gezielt arbeiten, um die Klasse als Team weiter zu bringen. Zum Beispiel hat eine Klasse Mühe, wenn bei einem Kind die Kugel immer runterfällt. Das Kind wird dann beschuldigt und vielleicht sogar ausgeschimpft. Dann lege ich den Fokus auf diese Problematik. Eine andere Klasse hat vielleicht mit dem Abwechseln Mühe, es hat nämlich mit Absicht zu wenig Röhrenstücke bei diesem Spiel. In solchen Fällen beobachte ich, dass immer die gleichen Kinder draussen stehen und die Kinder, die spielen merken das teilweise gar nicht. Da kann man daran arbeiten, wie man diese Kinder integrieren kann. Gleichzeitig helfe ich aber auch diesen Aussenseitern, Kontakt aufzunehmen.

Das sind also die Basics für jede Schule. Meine Erfahrung damit ist folgende: Wenn man diese vier Bereiche ganz gut und regelmässig trainiert, braucht es keine zusätzlichen Tools und die Auswirkungen auf das ganze Klima sind durchaus positiv.

Wir haben ein Lehrmittel entwickelt, das man bei uns beziehen kann: «Präventionsübungen für Schulklassen». Darin sind ganz viele Übungen beschrieben und zu jeder Übung hat es auch einen Film, den man online schauen kann. Man muss also nicht so viel lesen, sondern kann sich die Übung anschauen. Denn eine Übung versteht man oft viel schneller und besser, wenn man einen Film darüber sieht, als wenn man sie mit Text nachvollziehen muss.

Muss man Sie also gar nicht unbedingt einladen, um mit diesen Übungen zu beginnen? Genügt es denn, die Übungen aus dem Buch mit der Klasse zu trainieren oder brauchen die Lehrpersonen vorab eine Schulung?

Grundsätzlich ist das möglich. Mir fällt einfach auf, dass Übungen, die in einer Klasse sehr viel bewirken, in der Anleitung sehr anspruchsvoll sind. Man geht nämlich sehr tief in die Gruppendynamik rein. Zudem muss man die Klasse wirklich fordern und sehr geschickt auf Unannehmlichkeiten reagieren können, die da vielleicht auftreten. Es ist auch anspruchsvoll dafür zu sorgen, dass die Kinder immer voll motiviert sind. Wenn jemand nicht viel Erfahrung im Anleiten solcher erlebnispädagogischen Übungen hat, ist eine Weiterbildung sehr empfehlenswert. Am meisten Anleitungskompetenzen erwirbt man, und so arbeiten wir auch nach Möglichkeit an den Schulen, indem zuerst nur die Lehrpersonen eine Weiterbildung machen und sie eine saubere Einführung in die Methoden bekommen. Erst wenn die Lehrpersonen richtig gut geschult sind, sind sie in der Lage, die Klasse gut anzuleiten. Wichtig ist uns auch, dass die Lehrpersonen Gelegenheit haben, zu beobachten, wie wir vor Ort mit einer Gruppe arbeiten. Wenn ich zum Beispiel einem Lehrerteam beibringen möchte, wie man ein Kampfspiel anleitet, ist das nicht so einfach, weil ja nicht alle Lehrer dann gerade Lust haben, selber zu kämpfen.

Wie sind Sie denn auf die Idee gekommen, dieses Konzept mit den vielen Übungen zu entwickeln?

Ich habe festgestellt, dass man gerade bei Kriseninterventionen in Klassen wenig Zeit hat, etwas zu bewegen und ich selber kann nicht tagelang in einer Klasse arbeiten. Das heisst ich muss in kürzester

Zeit eine gute Wirkung erreichen. Ich habe nun 20 Jahre geübt und gesammelt, ausprobiert und Lehrgeld bezahlt. Ich staune immer wieder, wie kopflastig mit den Kindern an diesem Thema gearbeitet wird. Spannend ist, dass ein grosser Teil meiner Methoden den Ursprung in der Erwachsenenbildung hat, ich habe sie dann einfach altersgerecht aufgearbeitet. Ich musste sehr weit und lange suchen, bis ich Übungen fand, mit denen ich eben schnell diese gute Wirkung erreichen kann, die dann sehr tief im Gehirn verankert wird.

An den Schulen gibt es noch andere Themen. Was sehr viel gewählt wird, ist das Thema sexuelle Übergriffe (Kinder untereinander oder Erwachsene gegenüber Kindern). Auch das Thema neue Medien und den Umgang damit haben wir im Angebot.
Wir können uns auf ein Netzwerk von etwa 200 Fachpersonen abstützen. Das heisst, eine Schule kann uns mit jedem Thema kontaktieren und wir können dann einen Spezialisten schicken. Der Vorteil ist, dass wir so eine Anlaufstelle und Ansprechpartner für Themen jeglicher Art sein können. Wir haben auch Regionalstellen, die findet man auf unserer Homepage. Es ist uns wichtig, dass wir immer geografisch sehr nahe bei den Schulen sind. Prävention kann man schon in der ganzen Schweiz machen, aber bei Interventionen braucht es Personen, die vor Ort sind, um zum Beispiel für ein Elterngespräch oder eine Klassenbeobachtung zu kommen.

Können Sie uns eine Übung verraten, mit der man als Klassenlehrperson sofort und ohne vorherige Schulung anfangen kann?

Ich möchte vorausschicken, dass die wichtigsten zwei Themen für mich die Themen «Grenzen» und «Teambildung» sind. Eskalationen und Konflikte entstehen aus ungünstigen Situationen. Das heisst, je besser das Klassenklima ist, desto weniger Konflikte und Eskalationen sind da und desto weniger Grenzen werden überschritten.

Gerne erkläre ich Ihnen eine einfache Übung zum Thema «Grenzen». Aus «Schwimmnudeln» lassen sich Gummischwerter basteln. Ein Kind bekommt eine Schwimmnudel und der Lehrer auch, die beiden fechten dann zusammen. Die Klasse schaut zu und ruft «Stopp!», wenn sie feststellt, dass jemand von den beiden nicht mehr weitermachen möchte. Man kann mit dem Level 1 beginnen, das bedeutet, die Klasse schaut zuerst nur auf die Lehrperson. Die Lehrperson kann dann zuerst körperlich sehr deutlich anzeigen, dass sie nicht mehr will, indem sie sich zum Beispiel mit dem Körper wegdreht. Nach und nach zeigt sie das dann nur noch mit der Mimik. Die Klasse muss so die ganz feinen Signale erkennen. Die Kinder machen diese Übung wahnsinnig gern, es möchten dann auch immer alle Kinder drankommen und man könnte das stundenlang spielen.

Mit Hilfe einer anderen Übung kann man gut die Distanzgrenze trainieren. Sie gehen auf ein Kind zu und die Klasse beobachtet dieses Kind. Das Kind darf «Stopp» sagen, aber die Klasse muss herausfinden, dass das Kind nicht mehr will, bevor es «Stopp» sagt. Die Klasse wird feststellen, dass sie es bei jedem Kind immer merkt, wann die Grenze erreicht wurde und zwar an der Art, wie es sich bewegt oder am Gesichtsausdruck, der sich verändert. Es gelingt sogar, wenn man versucht, ganz cool hinzustehen und sich nichts anmerken zu lassen. Die Körpersprache lügt nie, auch wenn man sich viel Mühe gibt, von der Körpersprache her nichts zu zeigen. Man kann dann auch verbale Grenzüberschreitungen simulieren. Zum Beispiel bekommt ein Kind einen Tennisball und die Lehrperson redet dann auf das Kind ein, zum Beispiel so: «Ah dieser Ball, der ist so haarig. Oh da hat es einen Fleck. Komm zeig mal.» Irgendwann merkt die Klasse, dass es das Kind jetzt nicht mehr lustig findet. Gerade mit Kindern funktioniert diese Übung sehr gut. Es ist eine sehr einfache Übung, die auch nicht besondere Anleitungskompetenz braucht. Aber es ist sehr eindrücklich, das zu erleben. Man kann Kindern so also sehr gut zeigen, dass man es eigentlich immer merkt, wenn die andere Person nicht mehr will, bevor sie stopp sagt.

Dann möchte ich noch ein Beispiel für ein Teamspiel bringen. Man legt irgendwelche Gegenstände in die Mitte (zum Beispiel Bälle) und sagt der Klasse, sie dürfe nun zehn Minuten damit spielen. Man kann die Klasse dabei filmen, wenn man will. Die Klasse muss sich dabei selber organisieren. Nach zehn Minuten bricht man ab. Wichtig ist, dass man das Spiel immer positiv auswertet. Eine ganz gute Reflexionsfrage ist: «Was haben wir als Klasse gut gemacht?» Dabei muss man darauf achten, dass man Details erfragt. Aussagen wie «Wir sind ein gutes Team» sind nämlich zu ungenau. Man kann zum Beispiel fragen, woran man merkte, dass das Team gut war. Das Negative fragt man ab, indem man sagt: «Falls wir das nochmals machen würden, was könnten wir anders machen?» Die Antworten sind dann viel konstruktiver, als wenn man Kritikpunkte aufzählen würde. Wenn das Ganze gefilmt wurde ist es ganz spannend für die Kinder, sich im Film zu sehen. Nebenbei bringt das einen guten Lerneffekt mit, wenn sie sich mal von aussen sehen, weil man sich selber ja sonst anders wahrnimmt. Die Eltern informiere ich jeweils, dass ich filme, aber ich sage ihnen auch, dass die Filme danach wieder gelöscht werden und nur diejenigen sie sehen, welche auch dabei waren.

Bei diesem Spiel kann man irgendetwas in die Mitte legen und das Level kann man natürlich anpassen. Zum Beispiel schaut die Hälfte der Klasse zu und beobachtet, was die anderen alles gut machen. Als ich das zum ersten Mal machte, habe ich befürchtet, dass die zuschauenden Kinder stören könnten, weil es ihnen vielleicht langweilig ist. Aber diese Kinder schauen zu wie wenn sie einen spannenden Film sehen würden. Sie sind richtig interessiert, was da läuft und können dann auch sehr gute Rückmeldungen geben. Natürlich darf dann auch die Gruppe, die gespielt hat ein Feedback geben.

Sie arbeiten auch im Bereich Intervention. Wie wichtig ist dieser Bereich und was bieten Sie an?

Etwa die Hälfte unserer Arbeitszeit besteht aus Interventionen. Ich habe gemerkt, dass es wichtig ist die Lehrpersonen gut zu schulen. Wenn ich eine Krisenintervention mache, setze ich passende Instrumente ein. Oft merke ich, dass die Lehrpersonen diese Instrumente gar noch nicht kennen und viele bedauern dann, dass sie diese Instrumente nicht vorher schon gekannt haben, weil es dann gar nicht so weit gekommen wäre.

Darum haben wir angefangen auch die Lehrpersonen intensiv zu schulen, damit sie die Herausforderungen selber und eben möglichst früh angehen können, zum Beispiel bei Mobbing. Wenn ich an Schulen gerufen werde, machen wir zuerst immer eine Beobachtungsphase und ich kann dann, weil ich von aussen komme, sehr gute Tipps geben und die eskalierenden Stolpersteine gut aufzeigen: Das kann die Art und Weise der Konfliktlösung mit der Klasse sein, es kann mit dem Classroom-Management zu tun haben oder das kann der Umgang mit Pausenplatzkonflikten sein. Meistens kann man mit sehr wenig Beratungsaufwand sehr viel bewegen. Dann reicht es manchmal zum Beispiel schon aus, wenn die Lehrperson einige Dinge etwas anders macht als vorher. Allgemein geht es darum, wieder positive Energie reinzubringen, sonst wir der Fokus auf das Negative immer stärker.

Wichtig ist auch, dass man vom Druck wegkommt. Allzu oft übt man ja Druck aus auf die Kinder, sie müssen dies und sollen das. Dies kann man in eine Art Sog umwandeln, das heisst, dass dann nicht ich etwas von den Kindern will, sondern sie von mir. Das zu erreichen ist ziemlich anspruchsvoll und braucht auch etwas Erfahrung, aber wenn es gelingt, kann man eine enorme Wirkung feststellen.

Oft kommt auch das Thema Mobbing vor. Da haben wir Methoden, die sehr schnell greifen und sehr wirksam sind. Dazu gehört auch das Thema Verhaltensänderung, darin schulen wir die Lehrpersonen sehr oft. Unser Ziel ist, dass die Lehrpersonen alle diese Instrumente kennen und auch selber sehr schnell merken, wie sie damit arbeiten könnten.

Wenn eine Schule an diesen Themen interessiert ist, kann man sich bei uns melden. Man muss sich einfach einigen, ob das Interesse besteht, dann habe ich bisher mit jeder Schule eine Lösung gefunden. Es ist möglich, das auch sehr langsam aufbauen, wenn das Budget knapp ist. Das ist nicht mal schlecht, denn so hat man jedes Jahr ein Bausteinchen mehr. Der langsame Aufbau ist sogar meistens besser als wenn man eine Riesenübung macht, weil es so nachhaltiger verankert ist. Somit können als auch Schulen, die wenig Zeit und Geld haben viel bewegen.

Interview mit Christoph Schmitt

Christoph Schmitt arbeitet als selbständiger Berater und Autor. Er ist überzeugt, dass alle Menschen in Zukunft anders lernen werden bzw. müssen, weil die Gesellschaft sich verändert und neue Herausforderungen auf uns warten. Bildung 4.0 heisst das Stichwort.

www.bildungsdesign.ch

Du bist Bildungsdesigner. Was kann man sich darunter vorstellen?

Ein Bildungsdesigner macht mit der Bildung das, was andere Designer mit Autos, Uhren oder Smartphones machen. Mich interessieren dabei vor allem die drei Aspekte «Funktion», «Form» und «Interaktion». Ich stelle mir dann Fragen wie: Welche Funktionen muss Bildung in Zukunft haben? In welchen Formen und Formaten muss Bildung heute «designed» sein? Ist das Design von Bildung so gemacht, dass die lernenden Menschen, die das anschliessend benutzen sollen, es auch gerne benutzen? Interagieren sie gerne damit und freuen sie sich dann auch auf den nächsten Kurs oder auf das nächste Seminar?

Am meisten interessiert es mich also, wie Bildung in Zukunft auf diese drei Phänomene bezogen aussieht, damit sie etwas taugt.

Was verstehst du unter diesem komplexen Begriff «Bildung»?

Mir hilft es manchmal, wenn ich solche Begriffe von anderen unterscheide. Bildung und Lernen sind ja ganz miteinander verknüpft, dazu gehört auch der Begriff Erziehung. Wir haben immer mit Schule zu tun, und dabei geht es auch oft um Menschen, die noch nicht erwachsen sind. Dann ist es umso wichtiger, dass wir die Begriffe unterscheiden.

Erziehung ist zum Beispiel etwas, was andere mit mir machen, ich werde erzogen. Bildung ist, was ich mit mir selber mache. Das ist ein ganz wichtiges Charakteristikum für mich. Bilden können Menschen sich nur selber. Ausbilden, dir etwas beibringen, dich erziehen, dir Regeln beibringen, vielleicht sogar Wissen ankarren, das können andere. Aber dich bilden, das kannst du nur selber. Das ist für mich der entscheidende Punkt und somit lautet die entscheidende Frage: Wie gut sind Schulen und Weiterbildungseinrichtungen von heute darin, den jungen oder erwachsenen Menschen oder auch lebenslang lernenden Menschen Möglichkeiten zu geben, damit diese sich bilden, neugierig bleiben, selbstmotiviert die Welt und das Leben erkunden, den Dingen auf den Grund gehen, und sich auch mal an Neues oder Fremdes heranwagen? Was braucht es, damit sie gerade eben nicht Angst haben und sich einigeln, sondern ein grosses, fast natürliches Interesse daran haben, sich selber und die Welt immer besser zu verstehen und zu durchdringen? Das ist für mich Bildung.

Du brauchst den Begriff Bildung 4.0. Warum ist er für dich wichtig?

Die Zahl 4.0 taucht ja auch bei der Industrie 4.0 und bei der Arbeit 4.0 auf und will eigentlich auch wieder den Unterschied aufzeigen: Wie war es denn vorher? Wie ist es jetzt?

Das 4.0 steht vor allem für die Veränderungen, die durch die Digitalisierung und die digitale Transformation passieren. Immer wenn das 4.0 hinten noch drangehängt wird ist, weiss ich, dass es um die Veränderungen geht, die durch die Automatisierung, durch Robotisierung, durch diese sogenannte «augmented reality» - die erweiterte Realität - hervorgerufen wurden. Das Internet zum Beispiel lässt sich nicht mehr wegdenken. Wir sind fast schon mit der digitalen Welt verschmolzen, das Online-Offline gibt es eigentlich gar nicht mehr und wir leben in einer Zeit, wo Vieles online stattfindet. Bildung 4.0 fragt sich nun, was dies für Konsequenzen für unsere klassischen Bildungsprozesse in der Schule, Hochschule und Weiterbildung hat.

Du sprichst ja davon, dass Bildung sich ändern wird, ja sogar sich ändern muss. Wie bist du auf diese These gekommen?

Das hat ganz viel mit Erfahrung zu tun. Wenn ich in unterschiedlichen Welten unterwegs bin, dann stelle ich fest, dass Schule sich immer noch in einer Art Innenwelt befindet, die sich von einer Aussenwelt, von einer Gesellschaftswelt abgrenzt. Gleichzeitig soll sie aber junge Menschen befähigen, sich in dieser Gesellschaft und Aussenwelt zukünftig souverän und auch lustvoll zurechtzufinden und die Welt mitzugestalten. Aber sie tut sich wahnsinnig schwer, den von ihr gebauten Zaun zu überwinden oder diese Mauer abzureissen und zu sagen, es gibt weder dieses Innen-Aussen, noch gibt es dieses Online-Offline, sondern wir sind eigentlich eine grosse Gesellschaft und fragen uns jetzt mal, was wir denn als Bildungssystem aktuell für Aufgaben haben, um junge Menschen zu befähigen, die Zukunft gestalten zu können.

Das hat mich einfach fasziniert, weil ich festgestellt habe, dass es da einen unglaublich tiefen, immer breiter werdenden Graben gibt. Die Gesellschaft, die Wirtschaft, die Ökonomie, die Arbeitsbedingungen, die Art, wie wir leben und lieben, Ferien machen, einkaufen, kommunizieren, das alles bewegt sich so schnell weiter und die Schule macht eigentlich keinen «Mucks», auch die Hochschule nicht und auch der Bereich Weiterbildung nicht. Sie fängt hier und dort zwar schon langsam zaghaft an, Wlan zu installieren oder mit Ipads oder mit weiteren digitalen Technologien zu arbeiten. Der kulturelle Wandel, die hohe Kunst der Komplexität mit der wir heute leben, die zunehmende Transparenz, das Wegfallen von Hierarchien, die globalen Vernetzungen, davor glaube ich, kapituliert die Bildung im Moment noch.

Du bist ja auch als Berater tätig und berätst Schulen und Institutionen und hast dadurch einen guten Einblick in diverse Bildungseinrichtungen. Triffst du denn auf Schulen, die diesen Trend schon umzusetzen versuchen?

Ich nehme einen anderen Trend wahr, der sich im Moment breitmacht, und zwar, dass sich neue Schulen gründen aufgrund von Elterninitiativen, aber auch aufgrund von Lehrern die sich zusammentun. Auf Facebook und anderen sozialen Medien stelle ich diesbezüglich ganz viel Aktivität fest. Das verfolge ich äusserst interessiert und da weite ich auch mein Netzwerk hin drauf aus.

Weniger erfolgreich sehe ich die Bemühungen, das traditionelle Schulsystem in diesen Digitalisierungsfragen zu beraten. Da treffen meine Kolleginnen und Kollegen und ich auf sehr viel Widerstand, aber auch auf Ignoranz oder Desinteresse und sogar auch auf Angst. Es zeichnet sich also ein Trend ab, dass man sagt, das klassische Schul- und Bildungssystem ist eigentlich resistent, was die Kultur, aber nicht was die Technik betrifft. Was das Grundverständnis, das Menschenbild und das Weltverständnis anbelangt, da scheinen die Schulen irgendwie in der Vergangenheit zu stecken. Und deswegen sagt man sich, dann lassen wir die einfach sterben und gründen aber parallel dazu neue Schulen, neue Netzwerke, weil ja irgendwas passieren muss. So nehme ich den Trend war.

Ich selber arbeite an einer Volksschule und ich stelle mir diese Fragen auch, sowohl als Lehrerin und insbesondere auch als Mutter eines Teenagers. Ich frage mich, wie er sich in dieser Welt bewegen kann, mit den Dingen, die er in der Schule gelernt hat und ob das genügt. Als Beispiele nenne ich die Situation, als er als 15-Jähriger vom Hauptbahnhof aus einen Ort suchen musste und es ohne meine Inputs damals nicht ge-

schafft hätte. Wäre das nun eine solche Kompetenz, von der du denkst, dass man sie an Schulen auch einbringen sollte?

Ja, das finde ich schon, das ist gerade ein sehr gutes Beispiel. Der Widerspruch, mit dem Schule da zu kämpfen hat ist, dass dein Sohn als Beispiel für eine ganze Generation eigentlich diese Grundkompetenz lernen müsste, sich selbstmotiviert, selbstorganisiert etwas zu besorgen. Das sich Aneignen von Tools, Instrumenten und Werkzeugen, oder wie man heute sagt Skills, gehört zur Grundfähigkeit. Das ist die Grundkompetenz und die kann dir niemand beibringen. Du kannst das «selbstorganisiert unterwegs Sein» nur selbstorganisiert lernen. Also man kann Selbstorganisation nicht mit dem klassischen «der Lehrer bringt dir jetzt was bei»-Modell lernen. Da müsste die Schule den ersten grossen Schritt machen. Sie müsste diese Kontroll-Kultur, diese Wissensvermittlungs-Kultur, die auch als «Bulimie-Pädagogik» bezeichnet wird, loslassen. Das Modell der Wissenslogistik und -Verteilung ist meiner Meinung nach überholt. Die Schule müsste ganz langsam anfangen, selber zu einer lernenden Organisation zu werden, die junge Menschen dabei unterstützt sich diese Fähigkeiten selber beizubringen. Das kann die Schule im Moment nicht.

Wenn ich jetzt eine Kritikerin deiner Ideen wäre, dann würde ich vielleicht sagen: «Die Kinder müssen doch lesen und rechnen lernen und all diese Dinge. Das geht doch so nicht, man kann die doch nicht einfach so machen lassen, man muss doch genau vorgeben, was sie machen müssen.» Was sagst du denn den Menschen, die so denken?

Ich selber begegne diesen Menschen nicht mehr so oft. Das ist der Vorteil - bei aller Unsicherheit – dass ich mich dafür entschieden habe, eine sichere Anstellung aufzugeben und mich selbständig zu machen. Und von daher werde ich mit diesen Fragen seltener konfrontiert. Mir zeigt das einfach, dass wir Menschen dazu neigen, die Dinge so weiterzugeben, wie wir selber gelernt haben und womit wir selber gross geworden sind. Das tun wir sogar, wenn es noch so schmerzhaft, beschämend oder im Prinzip unmenschlich und unnütz war. Das heisst, diese Ängste, Bedenken oder diese Kritik, die du erwähnst, zeigen mir etwas ganz Wesentliches über uns Menschen: Sobald es darum geht, die nächste Generation zu beschulen, haben wir das Gefühl, es müsse genauso gehen wie wir es selber erlebt haben. Die Menschen, die in diesen Situationen sind, halten so stark daran fest, da kannst du mit Argumenten nicht überzeugen. Denn es geht um emotionale Verunsicherung

Ein Gegenbeispiel sind Schulen oder Eltern, die das sogenannte «De-Schooling» praktizieren. In den sozialen Medien finden sich genügend Beispiele von Eltern, die ihre Kinder nie in die Schule schicken und zuhause auch nicht unterrichten. Die Erfahrungen von solchen Schulen oder Familien zeigen, dass es gerade zum Erlernen der Grundfertigkeiten «Lesen, Schreiben, Rechnen» und weiteren Bereichen wie das Lösen von Problemen oder die sozialen Kompetenzen keine Schule braucht. Es braucht keine Schulstrukturen, keine Lehrerinnen und Lehrer, keine Lehrpläne, keine Prüfungen und keine festen Zeiten. Das ist alles empirisch und lernpsychologisch schon längst bewiesen. Im Prinzip ist das alles klar, aber es gilt wie schon Kaiser Wilhelm gesagt hat: «Das Pferd wird überleben, das Auto ist eine vorübergehende Erscheinung». Wir halten an dem fest, weil wir damit gross geworden sind und weil es für uns nichts Anderes gibt.

Aber dann werden vielleicht auch wieder Kritiker kommen und fragen: «Was ist denn mit Menschen mit bildungsfernen Hintergrund?»

Was ein bildungsferner Hintergrund ist, das definieren ja nicht diese Menschen, die wir so betiteln, sondern das sind ja wir. Wir gehen dann auch so mit ihnen um, weil es ja unsere Bilder in unserem Kopf sind. Und wenn ich einen Menschen, den ich als bildungsfern bezeichne, dann auch in der Schule so behandle, wie soll denn der aus dieser Schublade wieder rauskommen? Ich denke, was unserem Schulsystem als nächstes auch wahnsinnig guttun würde, ist, dass es mal seine eigenen Schubladen ausmistet. Es gibt da zum Beispiel diese Gender-Schubladen: «Mädchen sind …» oder «Jungs sind …», «Mathe ist nichts für Mädchen …», «Lesen ist nichts für Jungs …», die ethischen Fragen überlassen wir der Kollegin und die harten Fakten machen die Männer, und so weiter. Das alles sind aber unsere Bilder, die wir über diese Bildungslandschaft und über diese Menschen rüber stülpen und wir wundern uns dann, warum am Ende immer das rauskommt, was wir befürchten.

Was ich damit nicht sagen will ist, dass es nicht junge Menschen und auch Erwachsene gibt, die einfach benachteiligt sind, was Bildung betrifft. Aber ich bin eben auch davon überzeugt, dass unser klassisches Bildungssystem, diese Benachteiligungen, die wir bildungsfern nennen, produziert und verstärkt. Es gibt etliche Studien, die empirisch belegen, dass Schule nicht dafür geeignet ist, Menschen die bildungsschwach sind oder Probleme haben, dabei helfen, sich sozial zu integrieren. Es ist leider schon erwiesen, dass Schule eigentlich eher das verstärkt, was schon draussen an Problemen da ist.

Das ist ja eigentlich total deprimierend. Erstaunlich finde ich es aber, dass ich als Lehrerin weder an einer Weiterbildung, noch in der Schule solche Zusammenhänge aufgezeigt bekomme. Solche Dinge kenne ich nur, weil ich mich privat auch damit beschäftige.

Was können Lehrpersonen, die an einer Volksschule arbeiten und die finden, dass sich etwas ändern muss, tun?

Ich persönlich sehe das eher pessimistisch. Aber das hat mit meiner eigenen Lebenserfahrung zu tun. Ich traue dem klassischen Bildungssystem als einer Organisation das nicht zu. Es gibt sehr engagierte Lehrerinnen und Lehrer, die unglaublich viel Herzblut, Energie und Zeit investieren, um dieses System so verträglich und so menschlich und vielleicht auch so individuell wie möglich zu machen. Aber du kannst auf Dauer nicht als Einzelner oder auch als kleine Gruppe gegen ein System bestehen. Du wirst höchstens eine Nische finden.

Wir stecken im Moment in dieser gesellschaftlichen radikalen Entwicklung. Da reicht es nicht, wenn einzelne Menschen etwas tun, sondern wir sind an dem Punkt angelangt, wo - die Fachsprache redet von einer digitalen Disruption - ähnlich wie bei Eisbergen im Eismeer mittlerweile richtig grosse Brocken abbrechen, von dem was unsere Kultur bisher geprägt hat: Arbeitsplätze und Hierarchiestrukturen fallen weg und immer öfter tragen Beziehungskulturen nicht mehr. Es verändert sich im Moment dermassen viel, nicht nur technisch. Ich denke, dessen muss sich das Bildungssystem langsam auch bewusstwerden. Da kommen ungeheure Veränderungen auf uns zu.

**Du sagst ja auch, das wird kommen, früher oder später…
Eigentlich wollte ich dich noch fragen, was du über die Selektion denkst. Aber diese Frage ist an dieser Stelle wohl nicht mehr nötig. Denn wenn ich deine Aussagen zu Ende denke, wird verliert die klassische Selektion an Bedeutung.**

Ja, nur in der Phase, in der das halt offensichtlich wichtig war, dass man so und so viele Menschen «produziert», die dann einfach Arbeiterinnen und Arbeiter sind und so und so viele Menschen, die ein bisschen gebildeter sind und dazu noch ein paar Politiker und andere Führungskräfte. Da hat man eben selektiert. Das erledigt im Moment ja das Wirtschaftssystem schon von sich aus.

Ich finde es aber extrem spannend, um mal einen positiven Aspekt reinzubringen, wie immer mehr Start-Up-Unternehmen, aber auch grosse Konzerne in der Schweiz anfangen, völlig anders zu denken, wenn es darum geht, Menschen einzustellen, oder auch Menschen durch ihre Personal-Learning-Abteilungen weiterzuentwickeln. Diese Unternehmungen schauen immer weniger auf Abschlusszeugnisse oder Arbeitszeugnisse. Sie verlassen sich nicht mehr auf Zertifikate, sondern fragen: Was haben Sie denn bisher gemacht, was ist Ihre Expertise? In welchen Projekten waren Sie erfolgreich? Und können Sie das digital vorzeigen? Haben Sie so ein Personal-Learning-Netwerk? Haben Sie ein Online-Portfolio? Wie vernetzt sind Sie denn? Wie spontan können Sie sich auf völlig neue Projekterfahrungen einstellen? Dass sind die Fragen, die interessieren und nicht Frage nach den Noten oder der Anzahl Abschlüsse. Auch dahin geht die Entwicklung, im Moment eine totale Befreiung für viele, finde ich.

Ich selber lerne sehr gerne und ich stehe ein für lebenslängliches Lernen. Wenn ich sehe, dass man Chancen in dieser Welt hat mit dem, was man mitbringt, was man kann, egal wie alt man ist oder in welchem Lebensabschnitt man steht, dann finde ich das eine positive Aussicht.

Ich möchte auch noch diese positive Erfahrung dazu steuern, die ich selber sowohl mit 11-Jährigen, als auch mit 19-Jährigen, als auch in der Erwachsenenbildung mache, wenn ich diese neue Ausrichtung umsetze. Wenn ich als Mensch, der Lernende begleitet, wirklich Abschied nehme von diesem Lehrer, der kontrolliert, prüft, Wissen anschleppt und mich weiterentwickle zum Lerncoach und zu dem was auf Englisch so schön «facilitator» heisst, also einer, der jungen Menschen Infrastruktur zur Verfügung stellt um Lernen zu ermöglichen, dann mache ich durchwegs positive Erfahrungen. Ich habe dann eher eine moderierende Funktion, begleite die Menschen im Hintergrund und lasse die Lernenden aber ansonsten machen und entdecken. So habe ich als Lerncoach die unglaublich schöne Erfahrung gemacht, wie auch auf den ersten Blick sogenannt lernschwache oder «sozial schwache» Menschen - das ist ein so schlimmer Begriff - unglaublich schnell in ihren Peergroups aufgenommen werden, ihre Rollen und Funktionen einnehmen und wertvolle Beiträge in Lern- und Projektgruppen einbringen.
Es geht darum, den Perspektivenwechsel für sich zu schaffen und zu merken, dass nicht ich verantwortlich bin für die Lernerfolge von Jugendlichen, sondern dass sie es selbst sind. Es gibt nichts Schöneres als Menschen so zu begleiten und zu sehen, wie sie Selbstverantwortung entwickeln.

Du arbeitest ja als Lerncoach und Berater. Wer kann dich bei welchem Anliegen kontaktieren?

Zum Lerncoach: Das war eine Entscheidung, die ich mit einem Berufskollegen getroffen habe. Wir haben zusammen einen kompletten Lehrgang entwickelt, er heisst «Coaching und Supervision in Organisationen». Den haben wir auch bei zwei Berufsverbänden akkreditiert und bieten ihn jetzt an unterschiedlichen kaufmännischen Weiterbildungseinrichtungen in der Schweiz an. Dieser ist für Menschen gedacht, die nicht unbedingt Matura oder ein Studium vorweisen könne, sondern die einfach eine berufliche Lehre gemacht haben und das Coaching- das Supervisions- und Organisationsthema lernen möchten. Wir haben mittlerweile entschieden, nicht mehr vom Dozenten zu sprechen, sondern nur noch vom Lerncoach. Weil wir ganz klar sagen, wir haben es mit Menschen zu tun, die mitten im Leben stehen, die unglaublich viel Wissen, Erfahrung und Kompetenz mitbringen und wir wollen sie jetzt dabei unterstützen, selber Coaching-Kompetenzen zu entwickeln. Dafür braucht es heute keine Dozenten mehr, es braucht Menschen, die Infrastrukturen zur Verfügung stellen, wie Leute sich selber etwas beibringen können. Ich bin also in dem Bereich unterwegs, in dem es darum geht, neue Formate zu entwickeln, die kompetenzorientiert und performanzorientiert sind. Diese Formate entwickle ich mit und bin auch selber da drin als Lerncoach.

Gleichzeitig versuche ich aber auch, mit anderen kollaborativ zusammen in Teams im Netzwerk neue Formate zu entwickeln. Das machen wir zusammen an unterschiedlichen Standorten in der Schweiz und in Deutschland.

Was ich auch ganz spannend finde ist, dass ich immer wieder mit Bildungsinstitutionen in Kontakt komme, die diese digitale Herausforderung angehen wollen. Diese Institute begleite ich dann als Berater. Uns so bin ich, wie eingangs erwähnt, als Bildungsdesigner unterwegs.

Interview mit Karin Streuli

Karin Streuli war über 20 Jahre lang als Lehrerin tätig. In zahlreiche Aus- und Weiterbildungen setzte sie sich mit Methoden der Persönlichkeitsentfaltung auseinander. Heute arbeitet sie als Coach und systemische Beraterin in ihrer eigenen Praxis. Nebst Beratungen und Coachings bietet sie zahlreiche Weiterbildungen an.

www.nlp-core.ch
www.mace-methode.ch

Du hast einen enormen Fundus an Wissen, was die zwischenmenschlichen Interaktionen anbelangt. Ich möchte nun gleich mit einem Thema einsteigen, dem Lehrpersonen immer wieder begegnen: Wie soll man mit Kindern umgehen, die schüchtern sind, die sich nicht zutrauen aufzustrecken oder ihre Meinung zu sagen?

Ich komme gleich auf deine Frage zu sprechen. Als Erstes möchte ich aber einen Einblick geben worüber ich in diesem Interview sprechen möchte. Das sind zwei Bereiche. Das Eine ist - passend zu deiner Frage - wie kann es überhaupt passieren, dass ein Kind sich wenig zutraut, beziehungsweise ein Verhalten zeigt, welches in der Schule nicht zieldienlich für den Erfolg ist. Ich möchte aufzeigen, wie wir die Kinder in dieser Hinsicht in der Schule unterstützen können.

Und im zweiten Teil werde ich erklären, wie ich arbeite, wenn es schon passiert ist, das heisst, wenn die Schüler sich nicht mehr getrauen etwas zu sagen. Wie kommt es, dass ein Kind schweigt oder nicht aufstreckt? Wir können Hypothesen aufstellen, das machen ja alle Lehrer. Vielleicht hat das Kind Angst, etwas Falsches zu sagen, es steht unter Druck oder es hat die Erfahrung gemacht, dass jemand gelacht oder komisch geguckt hat. Es muss gar nicht sein, dass es wirklich so ist, aber das Kind hat diesen Eindruck. Wir ermuntern dann das Kind, indem wir ihm zum Beispiel gut zureden. Das kann das Kind aber unter Umständen noch mehr unter Druck setzen.

Ich möchte etwas anhand eines Modells nach Gregory Bateson und Robert Dills aufzeigen. Es geht um die Gestaltungsebenen des Menschen. Man kann sich eine Pyramide mit sechs Ebenen vorstellen:

- Auf der untersten Ebene ist die Ebene der Umwelt, unserer Umgebung. Das kann das Schulzimmer sein.
- Die nächsthöhere Ebene ist die Ebene des individuellen Verhaltens der des Menschen, in unserem Fall des Schülers.
- Die nächste Ebene ist die Ebene der Fähigkeiten. Die Fähigkeiten stecken in einem Menschen drin. Die kann man zum Teil nicht wirklich sehen, sondern mehr vermuten.
- Spannend wird's auf der nächsthöheren Ebene, das ist die Ebene der Werte und der Glaubenssätze: Was ist uns wichtig und was glauben wir über etwas? Diese Glaubenssätze sind eine Art Leitmotive. Wenn jemand einige Male etwas falsch gemacht hat - also diese Erfahrung gemacht hat - dann glaubt er anschliessend: „Ich kann das nicht", „Ich werde ausgelacht" oder „Ich bin zu blöd". Es gibt natürlich auch förderliche Glaubenssätze, zum Beispiel: „Ich werde das schon schaffen, eine Lösung gibt's immer." Die lassen wir natürlich so stehen, wie sie sind. Wenn ein Kind aber durch schlechte Erfahrungen einen negativen Glaubenssatz gelernt hat, dann wird er sich auch bewahrheiten und dann sieht das Kind alles durch diese Brille.
- Die nächste Ebene ist die Ebene der Identität. Das heisst, es spielt eine Rolle wie ich mich sehe: Sehe ich mich als eine gute Schülerin, als eine achtsame Schülerin? Nehme ich mich als schüchterne Schülerin wahr? Auch bei den Identitäten gibt es stützende und solche, die wir nicht wünschen, die auch nicht wirklich zu uns gehören, denn diese haben wir eben irgendwann gelernt.
- Die letzte Ebene ist die Ebene der Zugehörigkeit, darauf gehe ich im Moment aber nicht ein.

Zurückkommend auf die Glaubenssätze stellt sich die Frage, wie wir diese gelernt haben. Wir könnten die Kinder in der Schule gut unterstützen, indem wir darauf achten, dass solche Glaubenssätze gar nicht erst entstehen, was natürlich auch für zuhause gilt. Wenn aber ein Kind einen solchen Glaubenssatz verinnerlicht hat, gilt es diesen aufzulösen, das werde ich dann im nächsten Teil erläutern.

Wie können wir nun Kinder unterstützen, damit diese Glaubenssätze gar nicht erst entstehen? Das tun wir, indem wir beobachten und kommentieren, was gut läuft. Wir sagen dann beispielsweise: „Toll gemacht!", wenn etwas richtig oder gut gemacht wurde. Das, was nicht so gut läuft, ignorieren wir erst mal. Wenn das Kind zuhause die Gabel schief hält, sagen wir also sinnvollerweise zuerst nichts. Wenn es die Gabel dann richtig hält, loben wir das Kind. Das heisst, dass wir als Erwachsene uns hauptsächlich darauf fokussieren, was gut läuft und das dann auch kommentieren. „Diesen Buchstaben hast du wunderschön geschrieben." Das sagen wir, auch wenn die anderen noch nicht so schön sind. Oder wir bestätigen: „Diese Rechnung hier stimmt."

Grundsätzlich leben wir heute in unserer Gesellschaft in einer Fehlerkultur. Wir öffnen immer dann den Mund, wenn etwas nicht stimmt. Wir gehen in den Laden, wenn etwas nicht in Ordnung ist und reklamieren. Wenn alles in Ordnung ist, nehmen wir es einfach als selbstverständlich hin. Das überträgt sich auch in die Erziehung. Das heisst, wenn die Kinder schön spielen, dann sagen die Eltern oft nichts dazu. Aber kaum schreit ein Kind aus dem Zimmer, interveniert die Mutter und fragt, was los ist. Menschen, das weiss man, wiederholen all das, was man ihnen kommentiert hat und zwar sowohl verbal als auch nonverbal. Das kann also auch das Hochziehen der Augenbrauen sein.

Zusammenfassend können wir wirklich den Fokus darauflegen, was funktioniert und das dann kommentieren. In der Schule können wir auch die richtig geschriebenen Wörter zählen, anstelle der fehlerhaften. Auf die anderen Dinge gehen wir nicht direkt ein und vermeiden so doppelbödige Botschaften wie zum Beispiel: „Das hast du jetzt wunderbar gemacht, gestern hättest du das ja auch können". Das wirkt wie eine kleine Ohrfeige.

Negative Glaubenssätze oder dann auch negative Identitäten installieren sich grundsätzlich in Stresssituationen. Ich meine nicht den Stress, den man bei zu viel Arbeit hat, sondern jenen, wenn es mir den Boden unter den Füssen wegnimmt. Wenn man merkt, dass man irgendwie getroffen wurde und ein komisches Gefühl aufkommt, im Sinne von: Jetzt bin ich nicht mehr so, wie ich es sonst auch bin. Oder auch wenn man Kinder sieht, wie sie freudig spielen und sie dann, wenn es darum geht, einen Vortrag zu halten, total angespannt sind und ängstlich vor der Klasse stehen. Da ist nicht mehr die wahre Identität, sondern es zeigt sich eine negative Identität, die sich eingeschlichen hat.

In einer solchen Situation versuchen wir als Erwachsene häufig, das Kind mit aufbauenden Worten zu ermuntern. Das ist eigentlich gut gemeint. Nur kann dadurch ein innerer Kampf zwischen diesem negativen Glaubenssatz und dem „ich schaffe das dann schon" entstehen. Dies braucht zusätzlich Energie. Es geht darum, diese negative Identität ernst zu nehmen und sie dann aufzulösen, anstatt sie noch zu zupflastern. Denn Druck erzeugt Gegendruck. Das heisst, wenn eine negative Identität irgendwo am Laufen ist und man Gegendruck durch positive Affirmationen wie „ich schaffe das schon" gibt, verstärkt sich alles.

Da stellt sich die Frage, was wir dann machen sollen. Grundsätzlich ist es wie bereits erwähnt gut, das Kind zu ermutigen. Wir müssen aber immer gleichzeitig diese negative Identität ernst nehmen. Wenn man so nicht weiterkommt, empfehle ich eine professionelle Unterstützung, um diese „Beliefs", diese Glaubenssätze, definitiv aufzulösen. Im Rahmen des Schulsettings ist das bei tief verankerten negativen Glaubenssätzen nicht möglich.

Ich erlebe das oft, wenn ich in meiner Praxis mit Schülern mit Prüfungsangst arbeite. Sie kommen zu mir und sagen: „Ich habe Prüfungsangst." Wenn ich mit ihren negativen Identitäten arbeite, dann gehen sie rein in diese Gefühle, in die Blackouts oder in die Panik. Als nächstes frage ich, was dies denn für sie gefühlsmässig bedeutet. Häufig antworten sie: „Ja, ich schaff das dann schon!" Da beginnt dann der Kampf, sie haben Angst und sind dem ausgeliefert. Denn wenn sie sagen, dass sie es schaffen, aber es in der Realität gar nicht schaffen, dann fühlen sie sich ja noch schlechter, weil vielleicht auch der Lehrer oder die Eltern immer wieder zu ihnen gesagt haben: „Du schaffst das schon!" Da gilt es zuzulassen, sich auch mal ohnmächtig zu fühlen.

Meine Erfahrung zeigt, dass man unter professioneller Anleitung vieles auflösen kann. Ich selber arbeite mit einer speziellen Methode, der Mace Methode. Ich kann in diesem Rahmen nur ansatzweise erläutern, wie sie funktioniert. Man geht da auf eine vorsprachliche Ebene, nämlich dahin, wo die Bilder sind. Identitäten können wir auflösen, indem wir zu diesem negativen Gefühl, worum es gerade geht, ein Bild holen. Wenn wir zum Beispiel „Apfel" denken und die Augen schliessen, dann sehen wir einen Apfel vor unseren Augen. Das funktioniert auch mit abstrakten Begriffen. Wenn wir an Liebe denken, dann bekommen wir ein Bild dazu; da gibt es nichts Richtiges und nichts Falsches. Diese Bilder lässt man dann im Unbewussten wachsen, so dass all diese Informationen, die in dem Selbst gespeichert sind, herausgeholt werden, um sie dann definitiv zu löschen, indem sie, nachdem sie ihre volle Grösse erreicht haben, wieder kleiner werden. Das ist eine sehr spezielle Methode. Faszinierend ist, wie es bei Kindern und Jugendlichen viel schneller geht, weil bei ihnen solche Muster noch nicht so tief sitzen, wie bei Erwachsenen.

Diese Methode kann man ja in der Schule nicht wirklich anwenden, es braucht dazu sicher eine fundierte Ausbildung.

Ich überlege mir trotzdem, wie ich dieses Wissen, das du uns gerade zur Verfügung gestellt hast in der Schule umsetzen könnte. Ich rede öfters mit den Schülern über Prüfungsangst und versuche, solche Themen auf niederschwellige Art auch einfach anzusprechen. Ich frage dann zum Beispiel, wie sie damit umgehen. Findest du das auch eine gute Art, um die Schüler zu sensibilisieren oder ist das eher kontraproduktiv?

Das ist eine sehr interessante Frage. Das Eine ist, wenn man einfach darüber redet, dann fokussiert man ja genau wieder auf die Thematik und zementiert etwas. Es spielt auch eine Rolle, wie man genau darüber redet. Wenn das möglich ist, kann man auch die Strategie ändern, indem man beispielsweise fragt: „Wie sind deine Gedanken in Bezug auf Prüfungen?" Es sind nämlich die Gedanken, die dann zu unseren Emotionen und Handlungen führen. Wenn ich dann denke, ich habe schon mal eine schlechte Note gehabt und die andern sind sicher besser, dann ist das ein Erfolgskiller. Wenn man sich dessen bewusst ist, kann man es schon ändern. Dann kann man zusammen überlegen, was man denn stattdessen denken will oder welche Gedanken hilfreich für die jeweiligen Ziele wären. Nur, wenn nun wirklich eine negative Identität am Laufen ist, dann ist meiner Erfahrung nach wirklich wichtig, das im Eins zu Eins Setting aufzulösen. Ansonsten besteht die Gefahr, dass wir dieses Negative verstärken.

Worauf wir wirklich schauen können ist, dass es nicht so weit kommt, indem wir Aussaugen vermeiden wie: „Hast du jetzt nicht zugehört?" oder „Wieso fragst du das jetzt?". Das höre ich auch in Schulzimmern, wo wirklich tolle Lehrer unterrichten. Das rutscht eben manchmal auch schnell raus. Aber solche Sätze sind wirklich nicht hilfreich. Die tun weh und lassen uns nachher negativ über uns selber denken.

Das heisst, wir Lehrerinnen und Lehrer können mehr bewirken, wenn wir eine Art präventive Haltung einnehmen und - wie du eingangs erwähnt hast – zum Beispiel bei einem Diktat einmal die richtigen Wörter, anstatt der falsch Geschriebenen zählen. Aber wenn man dann sieht, dass ein Kind wirklich grosse Mühe hat, soll man unbedingt die Eltern mit ins Boot holen. Es ist dann auch für uns Lehrer eine sehr schwierige Aufgabe.

Da würde ich auch wirklich empfehlen, den Eltern Unterstützung anzubieten. Es gibt Dinge, die nicht mehr im Kompetenzbereich der Lehrer liegen. Wichtig ist wirklich, nicht zu lange zu warten und etwas zuzupflastern.
Ich möchte noch etwas zu diesen negativen Identitäten ergänzen. Wenn wir etwas Bestimmtes von einem Kind denken, dann ergibt das eine Wechselwirkung. Ich zeige das mit einem Beispiel auf. Person A zeigt ein bestimmtes Verhalten, sitzt also in diesem Fall gemütlich an den Hausaufgaben. Person B, zum Beispiel die Mutter, reagiert darauf. Das heisst, Person B sagt: „Das nervt mich, du bist faul." Hier beginnt die Wechselwirkung: Person B gibt diesem Verhalten eine Bedeutung, sie reagiert darauf. Somit sind dann bei Person B gleich zwei negative Identitäten am Laufen. Die Mutter ist hilflos, weil das Kind trödelt. Was passiert mit ihr, wenn sich das Kind so verhält und sie mit Hilflosigkeit reagiert? Sie kommt in eine negative Identität. Die zweite negative Identität, ist die Bedeutung, die sie diesem Verhalten gibt, in unserem Beispiel ist das „faul Sein". Wenn die beiden negativen Identitäten in der Arbeit mit der

Mutter aufgelöst sind, dann wird sich sicher auch im Verhalten von dem Kind etwas verändern.

Ich habe ganz selten Schüler, die ohne mich höflich zu begrüssen ins Schulzimmer kommen und oder mit lustloser Körpersprache dasitzen. Ich frage mich, wie ich sie dazu bringen soll, ins Programm einzusteigen und mitzuarbeiten. Ich erkläre mir das mit ihrer fehlenden Motivation, oder kann ich mir das mit dem vorher Beschriebenen erklären?

Das ist genau so ein Beispiel, wie ich es vorher aufgezeigt habe mit den zwei Personen. Ich bemerke oft, dass zwei Lehrkräfte den gleichen Schüler ganz anders erleben. Jemand ist nicht, sagen wir unmotiviert, sondern ein Mensch bezeichnet ein bestimmtes Verhalten auf eine bestimmte Art und Weise. Da fragt sich vielleicht eine Mutter, ob ihr Kind wohl ein ADHS habe, weil sie es als Zappelphilipp wahrnimmt. Ihre Mutter wiederum sagt: „Das ist ganz normal, so warst du auch mal, als du klein warst." Das heisst, Menschen sind nicht diese Eigenschaften, sondern das sind Bedeutungen die wir denen zuschreiben. Und das Verrückte ist nun wirklich, dass dies eine Wechselwirkung ist. Je mehr ich mich über einen Schüler ärgere, der ein unerwünschtes, ein unerfreuliches Verhalten zeigt, desto mehr wird er dieses Verhalten zeigen und umso mehr ärgere ich mich dann wieder.

Eine sinnvolle Möglichkeit wäre, diese beiden Identitäten mit den Erwachsenen (Lehrern) aufzulösen. Das Zweite wäre ein Gespräch mit dem Schüler. Ich nehme ihn ernst und sage ihm, dass ich sein Verhalten gesehen habe und frage ihn, was ihn ihm vorgeht und wie es ihm dabei geht. Ich sage ihm also nicht, du bist so oder so. Dann merkt der Schüler auch, dass er ernst genommen wird und das kann viel verändern.

Ich habe dazu ein schönes Beispiel. Da war mal eine junge Lehrerin, eine kleine, feine Persönlichkeit. Sie hatte eine achte Klasse übernommen. In dieser Klasse war zuerst ein Tohuwabohu. Ein Schüler brachte ab und zu seine Tarantel mit in die Klasse. Unglücklicherweise ekelte sich die Lehrerin vor Spinnen. In ihrer Verzweiflung hat sie dann einmal mit dem Jungen gesprochen und ihn auf die Tarantel angesprochen. Sie hat gesagt: „Ich kenne diese Tiere gar nicht, erzähl mir mal etwas darüber." Das hatte zwei positive Ergebnisse: Zum einen fand sie diese Tiere ab diesem Zeitpunkt spannend und nicht mehr einfach gruselig. Das Zweite war, dass sie ein super Verhältnis zu diesem Schüler bekommen hatte. Dann hatte es noch einen dritten Nebeneffekt: Die Lehrerin wusste gar nicht, dass dieser Schüler ein Stück weit ein Alphatier war in der Gruppe. Seit diesem Gespräch hatten sie keine Probleme mehr in der Klasse. Alle haben der Lehrerin quasi von der Hand gefressen, und sie war überglücklich. Wenn man sich wirklich für einen Menschen interessiert, der ein Verhalten zeigt, das für uns nicht so üblich ist oder das dem Eigenen entgegensteht, erreicht man viel.

Motivation ist auch auf der Ebene der Identität angesiedelt. Ich erlebe oft Schüler, die zum Beispiel sagen: „Ich verstehe nicht, warum ich Französisch lernen soll, das brauche ich doch nie." Solche Schüler sehen keinen Sinn, das zu lernen, und es ist natürlich schwierig, sie zu motivieren. Es ist aber möglich, einen Sinn zu finden und so kann man die Schüler fragen: „Was könntest du für einen Sinn finden?" Da kann dann Französisch lernen plötzlich zum idealen Gehirntraining werden. So gibt es ja auch Leute, die sagen, dass sie Liegestützen nicht besonders lieben, sie aber damit ihre Muskeln trainieren.

Also ich denke, es ist wirklich sehr wichtig, die jungen Menschen ernst zu nehmen und zu wissen, dass oft auch diese Wechselwirkung im Spiel ist. Wenn die Eltern oder die Lehrer erkennen, dass sie anstehen, rate ich ihnen, nicht zu lange zu warten, weil es dann verhärtet ist und eine Beratung in Anspruch zu nehmen.

Es geht also darum, dass ich achtsam sein soll, was im Zwischenmenschlichen abläuft, dass ich in Beziehung trete zum Schüler, mich für ihn interessiere und ihm ab und zu persönliche Fragen stelle. Das braucht aber viel Zeit. Man hat als Lehrperson ja den Stoffdruck, die Sitzungen und sonst viel zu erledigen. Ich denke, es lohnt sich aber doch solchen Dingen Platz einzuräumen.

Also, dass Lehrer viel Arbeit haben, das weiss ich aus eigener Erfahrung. Ich habe selber 20 Jahre unterrichtet zu einer Zeit, als es noch nicht so viel Arbeit gegeben hat. Heute ist es viel mehr. Dessen bin ich mir bewusst und ich sage: „Hut ab vor den Lehrerinnen und Lehrern!" Dass man da manchmal genervt ist, ist ja auch normal und menschlich und in Ordnung. Gleichwohl denke ich, es lohnt sich auf die Beziehung achtzugeben, weil eine gute Beziehung das A und O ist, damit Lernen überhaupt stattfinden kann. Mit einer guten Atmosphäre im Schulzimmer kann das für die Schüler ein zweites nach Hause kommen sein, wenn sie wissen, dass sie ernst genommen und wertgeschätzt werden.

Aus meiner Sicht lohnt sich diese Arbeit. Ich erkläre das gerne mit einem Bild: Wenn ich sage, ich habe jetzt keine Zeit und Lust, meine Gitarre zu stimmen und muss jetzt üben, was nützt mir dann die Gitarre, wenn sie nicht gestimmt ist? Das Stimmen der Gitarre - die Stimmung im Schulzimmer - ist die Grundlage. Wenn lernen Freude bereitet, dann geht es leicht, dann ist es kein Muss mehr.

Den Stoffplan haben wir. Aber es gibt aus meiner Sicht Dinge, welche die Kinder, die unsere Zukunft sind, lernen sollten, die tausendmal wesentlicher sind. Das ist meine Grundhaltung. Wenn wir

wieder an diese Pyramide vom Anfang denken, an die Gestaltungsebenen, diese Werte die sind da ganz nahe bei unserer Identität. Das
ist das wofür ich lebe, das ist die Motivation. Das sind Lebenswerte.

**Ich weiss, dass du verschiedene Ausbildungen und Weiterbil-
dungen anbietest. Gibt es darunter welche, die für Lehrer interessant sein könnten?**

Auf meiner Homepage sieht man, dass ich ganz Verschiedenes gelernt habe in meinem Leben; ich nenne mich ja auch „Ausbildungs-
junkie". Ich habe zuerst Psychologie studiert, das war für mich der
Einstieg und hat mich ermuntert, Lehrerin zu sein. Als ich dann das
Neurolinguistische Programmieren (NLP) kennen lernte, war ich
begeistert, weil es total ressourcenorientiert ist. Es wird ein Augenmerk daraufgelegt, wie ich mich selber gut managen kann. Anfangs
war es so, dass ich morgens heiter und munter in die Schule gekommen bin und abends war ich todmüde. Die Selbstmanage-
mentmethoden und dass Wissen rund um die nonverbale Kommunikation halfen mir enorm in meinem Beruf als Lehrerin. Obwohl
ich das NLP jetzt seit 25 Jahren vermittle, ist es mir noch nie langweilig geworden. Ich finde es einfach immer noch absolut toll für
die Arbeit an der Grundhaltung und auch mit den Schülern. NLP
arbeitet ja stark mit Sprache und Sprache ist Magie. Wie wir mit der
Sprache im zwischenmenschlichen Bereich umgehen, das zu untersuchen und damit zu arbeiten ist schon sehr spannend. Im Bereich
NLP biete ich verschiedene Ausbildungen und Weiterbildungen an,
die durchaus auch für Lehrpersonen interessant sein können.
Das Zweite ist diese Methode, über die ich gesprochen habe, um
diese negativen Identitäten aufzulösen. Dazu biete ich eine Eins zu
Eins Ausbildung an, bestehend aus etwa zwölf Sitzungen, die ich

per Skype mache. Diese Ausbildung eignet sich auch für Lehrpersonen.

Einmal im Jahr biete ich einen Wochenend-Kurs in nonverbaler Kommunikation an. Da geht's darum, wie ich mit meiner Gestik und mit meiner Stimme etwas beeinflussen kann. Die nonverbale Sprache wird ja auch gerade in der Erziehung von Tieren eingesetzt. Sie wirkt stärker als das Verbale. Was wir erzählen, macht in der Wirkung etwa acht Prozent aus. Den Rest bestimmt unsere Stimme und die Körperhaltung, damit können wir sehr viel bewirken. Den Körper und die Stimme haben wir immer mit dabei.

Interview mit Hansueli Weber

Hansueli Weber ist Schulberater, Supervisor und Coach. Der Fokus auf das Stärken der Stärken und das Entwickeln und Nutzen der vorhandenen Ressourcen sind für ihn wichtige Voraussetzungen für jegliche Arbeit.
Nebst Schulungen und Selbstlerngängen bietet er sein Wissen auch in Form von Büchern an.

www.lernvisionen.ch

Sie sind Experte in Sachen Klassenrat und sagen, dass der Klassenrat nicht nur für die Schülerpartizipation geeignet ist, sondern auch als Führungsinstrument eingesetzt werden kann. Sie haben ein System mit acht Bereichen aufgebaut. Was kann man sich darunter vorstellen?

Das Thema Klassenrat löst in vielen Köpfen ganz unterschiedliche Gedanken aus. Für gewisse Lehrpersonen ist es klar, dass man Klassenrat macht. Auf der anderen Seite gibt es Kolleginnen und Kollegen, die grosse Angst vor dem Thema Klassenrat haben.

Es gibt ganz unterschiedliche Zugänge wie «Klassenrat» gemacht wird, der häufigste ist wohl das Klassengespräch. Aus meiner Sicht ist es aber ganz wichtig, dass der Klassenrat in ein Gesamtkonzept eingebettet wird und zwar in dem Sinn, dass der Klassenrat wie eine Schaltzentrale ist, von wo aus ganz viele Aspekte genutzt werden können, welche die Klassengemeinschaft beeinflussen oder Lösungen entstehen können.

Bevor man in diese acht Bereiche einsteigt, stellt sich für mich immer die Frage, was denn überhaupt das Thema der Klasse ist, beziehungsweise weshalb mache ich den Klassenrat und was will ich damit erreichen. Es ist wichtig, diese Frage als Lehrperson zu klären, bevor man mit dem Klassenrat beginnt.

Wie können solche Antworten aussehen? Es gibt da ganz viele Möglichkeiten. Die einen sagen, bei mir ist das soziale Lernen wichtig und ich möchte, dass etwas im Miteinander entstehen kann. Andere meinen, mir geht es mehr darum, dass die einzelnen Kinder gestärkt werden, also eine Art präventive Arbeit. Wieder andere sind der Ansicht, dass es im Klassenrat darum geht, dass die Kinder lernen, selbständig Probleme anzugehen und Probleme zu lösen.

Es gibt noch eine zweite Klärungsfrage für den Beginn und zwar die Frage der Organisation. Findet der Klassenrat zum Beispiel regelmässig jede Woche oder alle zwei Wochen statt? Aus meiner Sicht ist es wichtig, dass die Durchführung regelässig ist. Dann muss aber auch geklärt werden, wer den Klassenrat leitet: Ist es die Lehrperson, eine Gruppe oder sind es allenfalls einzelne Schülerinnen und Schüler? Da bin ich der Meinung, dass es grundsätzlich ein sehr gutes Vorbildverhalten von der Lehrperson braucht, bevor ich die Schülerinnen und Schüler in die Leitung entlasse, was ich als Endziel aber sehr gut finde.

Wenn ich dann weiss, wie ich mich organisieren und wie ich arbeiten will, kommen diese acht Felder ins Spiel, die aus einem Erfahrungswert entstanden sind.
Als ich mit meinen eigenen Klassen Klassenrat gemacht habe, war für mich der entscheidende Punkt die Stärkung, und zwar die Stärkung der Stärken der einzelnen Schülerinnen und Schüler, aber auch Stärkung der Eigenverantwortlichkeit.

Darum ist das erste Feld *«Kompetenzen und Selbstvertrauen»* stärken. Dahinter steckt nicht der Lehrplan 21, sondern die Überzeugung, dass die Kinder vielen Situationen begegnen sollten, wo sie ihre Selbstwirksamkeit erfahren können. Also sollen viele Situationen im Unterricht geschaffen werden, in denen das Kind lernen kann zu merken, dass es etwas kann, dass es etwas rüberbringen kann und auch ein positives, stärkendes aber vielleicht auch manchmal ein kritisches Feedback bekommt. Es gibt dazu viele Formen, die man im Klassenrat oder auch sonst im Unterricht einbauen kann. Bekannt ist die sogenannte «warme Dusche», wo einzelne Kinder positives Feedback von anderen Kindern bekommen. Da ist für mich aber auch der ganze Aspekt des Aktivierens der Ressourcenmuster im Gehirn drin, den ich aus der Neurobiologie herausnehme. Da müsste man wahrscheinlich noch ein wenig vertiefter darüber nachdenken. Ich möchte aber kleines Beispiel geben dazu geben. Wenn die Schülerinnen und Schülern eine Arbeit gemacht haben, denken wir zuerst darüber nach, was ist gelungen ist, was funktioniert hat und warum. Man kann aber auch im Voraus darüber nachdenken, wie man es machen kann, damit es gelingt. Dieses Fokussieren auf das Gelingen finde ich extrem wichtig. Indem man dann die Erfahrung diesbezüglich auch gut auswertet, ist auch die Selbstwirksamkeit immer wieder für die Kinder erlebbar.

Ein nächstes Feld ist für mich das Thema *«Feedback geben und erhalten»* und *«Teamentwicklung»*.
Da gibt es auch ganz viele Möglichkeiten. Ich habe in meiner damaligen Zeit als Lehrer gemerkt, wie wichtig es ist, dass nicht nur ich Feedback gebe und bekomme, sondern dass es eben auch die Kinder sind, die einander Feedback geben und bekommen. Das machen sie ja sowieso, aber ich finde es sehr zentral, die Feedbacks gezielt zu geben und einzuholen. Ich finde es sehr wichtig, dass die Kinder voneinander wissen, woran sie sind. Dieses Thema geht für mich ganz stark ins Thema Teamentwicklung, ins Miteinander als Klasse unterwegs zu sein. Das ist ebenfalls Präventionsarbeit. Ich gehe davon aus, dass Klassen, die ein gutes Gemeinschaftsgefühl entwickeln konnten weniger Konflikte und weniger Mobbing-Fälle haben. Dies beobachtete ich auch in vielen Klassen als Auswirkung des Klassenrats.

Das Typische, das in den Klassenräten meistens geschieht, ist das Thema *«Konflikte moderieren»*. Da ist es aus meiner Sicht sehr wichtig, dass man ein gutes Verfahren hat. Ich habe jeweils das Modell der «Hosensack-Medi» genutzt. Das ist ein Minibook mit den 5 Schritten einer Mediation, welches die Kinder mit sich in der Hosentasche mittragen und bei Bedarf anwenden können. Den Klassenrat kann man beispielsweise dazu nutzen, um dieses 5-Schritte-Verfahren zu trainieren und zu reflektieren. Eine andere Möglichkeit ist die sogenannte Spinnweb-Analyse, bei der es darum geht, grössere oder die ganze Klasse betreffende Konflikte mit dem gleichen System zu bearbeiten.

Ein weiterer Punkt ist das *«Planen und Durchführen von Projekten»*. Das kann man – wie vieles von dem, was ich bisher angesprochen habe - natürlich auch sonst im Unterricht einbringen. Ich selber habe mit meinen Schülerinnen und Schülern häufig so gearbeitet, auch unabhängig von Klassenrat. Wir haben zum Beispiel zusammen ganze Klassenlager vorbereitet. Einmal haben wir aufgrund einer Idee der Klasse zusammen einen Flohmarkt organisiert, der dann an einem Samstagmorgen vor einem Ladengeschäft im Dorf stattfand.

Eine wichtige Klassenratsform ist *«Sich eine Meinung bilden und sie äussern»*. Da kann man über Fragen des Lebens philosophieren oder über Dilemmatas diskutieren. Dabei lernen die Schülerinnen und Schüler, dass alles aus mehreren Perspektiven angeschaut werden kann und sie können herausfinden, wo sie selber stehen. Es gibt ganz viele Formen, wie man einerseits mit den Kindern ins Gespräch kommen kann und andererseits sie auch untereinander ins Gespräch bringen kann.

Eine weitere Form, die ähnlich ist wie das Thema «Konflikte moderieren», ist das Thema *«Probleme lösen, einander coachen»*. Wenn Schülerinnen und Schüler einander selber helfen können, bin ich als Lehrperson sehr entlastet. Da habe ich unter anderem auch wieder ein Minibook gestaltet, mit einer 5-Schritte-Anleitung für das Lösen von Problemen. Ich habe diese jeweils mit den Klassen eingeführt und die Kinder dann gruppenweise Lösungen finden lassen von Probleme, die sie gerade hatten. So lernen sie, dass sie ein Problem miteinander besprechen können. Da werden ausser Konflikten vor allem andere Dinge angesprochen, wie zum Beispiel Probleme mit den Hausaufgaben.

Ein weiteres Feld ist für mich *«Lernerfahrungen reflektieren»*. Ich habe als wichtiges Instrument immer ein Lerntagebuch führen lassen. Die Schülerinnen und Schüler haben dann im Klassenrat (aber nicht nur dann) Wochenreflexionen gemacht. Sie haben ihr soziales Verhalten reflektiert oder einzelne Arbeits-Aspekte der Woche. Auch hier gibt es zahlreiche Möglichkeiten, wie man Reflexionen einbauen kann.

Was ich auch ganz wichtig finde, ist achte Feld unter dem Begriff *«Informationen austauschen»*. Ich meine damit weniger meine Informationen an die Klasse - was leider häufig in Klassenräten gemacht wird - sondern es geht dabei darum, dass die Kinder sich zeigen können. Sie haben zum Beispiel irgendetwas hergestellt zuhause, das bewundernswert oder speziell ist und erzählen dies der Klasse. Im Kindergarten in jener Schule, wo ich als ich als Schulleiter gearbeitet habe, hatte es Lehrpersonen, die einen «Zeigi-Tag» durchführten, an dem gezeigt werden konnte, was man zuhause an Spielzeugen und anderen Dingen hat, die man sehr mag. Dies gibt den Kindern ein Gefühl von Wichtiggenommensein und Selbstwirksamkeit kann erlebt werden.

Nun sind das ja sehr viele Felder. Wo würden Sie denn mit der Umsetzung anfangen?

Wie bereits erwähnt geht es zu Beginn um die Frage: Wo steht die Klasse und was braucht sie?
Zum Anfangen gibt es zudem etwas Anderes, das für mich wichtig ist. Zuerst ist wirklich die Idee «Ich bin über dem Rubikon», ich

habe mich entschlossen, einen Klassenrat durchzuführen und will es wirklich tun. Das ist für mich nach wie vor das Entscheidende. Ich finde es problematisch, wenn ich nur ein bisschen «probieren» gehe. Darum habe ich in meinem Buch auch eine kleine Anleitung zur Reflexion drin, wo es darum geht sich zu fragen, wo ich solche Dinge, die im Klassenrat geschehen könnten, schon erlebt habe und wo ich selber schon Erfahrungen gemacht habe. Ausgehend davon kann man starten und zum Beispiel, etwas das man schon einmal gemacht hat ausbauen. So kann zum Beispiel aus dem «Zeigi-Tag» eine erweiterte Form des Zeigens entstehen.

Aus meiner Sicht ist es auch wichtig, dass gewisse Gesprächsregeln in der Klasse klar sind und auch gelten. Es muss also klar sein, wie wir miteinander umgehen. Ich bin überzeugt, dass die Lehrpersonen bereits solche Formen haben, wie man in der Klasse spricht und wie diese Gespräche funktionieren sollen. Es muss einfach gut klappen und was aus meiner Sicht halt ganz zentral ist, was ich bei vielen Lehrpersonen auch durchaus antreffe, ist eine Kultur der gegenseitigen Wertschätzung. Diese Wertschätzung braucht es, damit jenes Vertrauen aufgebaut wird, dass man im Klassenrat auch Themen ansprechen kann, die vielleicht ein bisschen problematischer sind.

Das soeben Gesagte gehört ja zu den Grundhaltungen, die eine Lehrperson mitbringen muss. Was ich mich nun aber öfters frage ist, wie ich es schaffe, dass auch Kinder sich einbringen, die scheu sind oder sprachlich Mühe haben.

Die Sprache oder die Schwierigkeit sich auszudrücken ist tatsächlich ein häufiger Stolperstein. Genau da bietet der Klassenrat Möglichkeitsräume. Klassenrat muss nicht immer in der grossen Runde sein, gewisse Themen können auch in kleinen Runden besprochen werden. Eine einfache Form ist die Flüster- oder Murmelrunde, bei der sich zwei oder drei Kinder austauschen. Das Kind, das dann besser sprechen kann, sagt es schlussendlich in der gesamten Runde.

Was ich auch liebe, ist die Nutzung eines Redesteins oder eines anderen Gegenstandes, der in der Runde herumgegeben wird. Wenn man den Stein oder Gegenstand bekommt, muss man aber nichts sagen. In jeder Runde bekommt jedes Kind einfach wieder die Aufforderung zum Reden. Es weiss, es kann jetzt etwas sagen, wenn es will und wenn es nichts sagen will, ist es auch ok. Wichtig ist die Haltung der Wertschätzung auch dann, wenn ein Kind nichts zu sagen vermag. Diese Erfahrung habe ich insbesondere bei Kindern gemacht, die noch keine oder wenig Ideen haben und die sich am Anfang nichts zu sagen getrauen. Sie geben dann den Stein ohne Worte weiter. Aber irgendwann kommt der Moment, in dem sie sich getrauen etwas zu sagen. Es ist also wichtig, diese Möglichkeiten zu geben, damit dieses Zutrauen kommt. Es braucht also kein gross angelegtes Trainingsangebot, sondern einfach viele Lerngelegenheiten, in denen die Schülerinnen und Schüler sich mitteilen können.

Ich finde, dass das ein sehr schöner Ansatz ist, weil es beim Kind den Stress rausnimmt und es so in Würde bleibt. Nun würde ich gerne wissen, ob es denn noch mehr Stolpersteine gibt.

Ich denke, dass Kolleginnen und Kollegen manchmal zu viel wollen. Sie erwarten vom Klassenrat extrem viel. Es ist für mich einer der grössten Stolpersteine zu meinen, dass durch den Klassenrat ein Wunder geschehen kann und die Kinder immer schnell soweit sind, dass sie alles selber bestimmen können. Diese Vorstellung ist eher hinderlich, denn es ist wichtig, Schritt für Schritt vorzugehen.

Ein anderer Punkt, der damit zusammenhängt, ist die Führung abgeben zu wollen. Aus meiner Sicht haben wir die Verantwortung, die Klasse zu führen mit unserer Persönlichkeit, wertschätzend und stärkend. Wenn Kolleginnen und Kollegen dabei kneifen, dann ist es aus meiner Sicht problematisch. Daher ist nach wie vor die Haltung sehr wichtig führen zu wollen und das Erkennen der eigenen Ressourcen dafür. Und wie bereits erwähnt, geht es darum eine Idee zu bekommen, was ich mit dem Klassenrat will und wie ich ihn organisiere.

Für das Finden von Themen im Klassenrat möchte ich ein Beispiel machen. Oft wird dies mit einem Briefkasten gemacht. Da können die Kinder ihre Zettel mit Problemen oder manchmal auch Wünschen reinwerfen. Diese werden im Klassenrat dann «abgearbeitet». Ich finde das sehr schwierig durchführbar, weil wir damit eine Art Wundertüte haben. Wir werden durch die Themen überrascht und sind dann manchmal überfordert. Ich selber habe mit der Zeit entdeckt, dass die Form der Öffentlichkeit, zum Beispiel mit einer Wandzeitung, sehr gut geeignet ist. Das heisst, wer ein Anliegen, einen Wunsch, ein Problem oder eine Idee hat, kann seinen Zettel mit Unterschrift an eine Wand – der Klassenratswand – pinnen. Die anderen dürfen ihre Meinung dazuschreiben. Bei Konflikten oder Problemen ist es dann manchmal so, dass rundherum ein neuer Zettel aufgehängt wird und plötzlich findet das Kind, welches das Problem hingeschrieben hat: Problem gelöst. Wenn das geschieht, darf es alle Zettel wegnehmen und dieses Thema muss dann im Klassenrat nicht mehr angesprochen werden.

Die Lehrperson muss sich auch mit der Frage der Leitung und der Art der Beteiligung der Kinder auseinandersetzen: Braucht es nur eine Moderationsperson? Wer macht das, ein Kind oder ich? Habe ich einen Sekundanten oder eine Sekundantin?

Gut finde ich es, wenn man mit Rollen arbeitet. Ich möchte einige vorstellen. Eine Rolle ist diejenige des Beobachters. Man kann irgendetwas beobachten lassen. So können zum Beispiel zwei oder drei Kinder, die normalerweise eher etwas ruhig sind, ein Feedback bekommen. Das Kind, das beobachtet, kann ein Feedback geben im Sinne von: «Ich habe gesehen, da hast du etwas sagen wollen, dich aber noch nicht getraut. Da hast du innerlich auch mitgemacht».

Eine andere Rolle ist jene des Zeitmanagers. Das ist eine einfachere Rolle. Dasselbe gilt auch für die Rolle des Lautstärkenmanagers.

Was ich ebenfalls mag: Zwei Kinder entdecken die Fähigkeiten der anderen Kinder und melden diese dann zurück. Das ist eine Art Feedback, das sehr gut ankommt.

Zwischendurch setze ich auch einen Zusammenfasser oder eine Zusammenfasserin ein. Es kommt ein bisschen darauf an, wie alt die Kinder sind. Ich habe jedoch bereits auf der Unterstufe erfolgsversprechende Erfahrungen damit gemacht, dass Kinder ganz kurz zusammengefasst haben, was gesagt wurde.

Die Kinder können also ganz viel trainieren. Ich habe etwa 20 solcher Formen und Möglichkeiten zusammengestellt. Das Wichtige ist zu sehen, dass das Ganze ein Prozess ist, da kommt man langsam rein. Wenn ich mit einem Klassenrat beginne, ist das am Anfang häufig noch ein bisschen harzig. Aber je mehr Kompetenzen die Schüler mitbringen, desto einfacher und besser läuft es.

Ich denke, dass diese Formen bei den Kindern auch Kompetenzen fördern, die wir in dieser Gesellschaft für die Zukunft brauchen. Ich persönlich finde es eine tolle Sache, wenn man das in einer wertschätzenden Umgebung immer wieder üben kann und immer wieder Feedback bekommt.

Nun haben Sie anfangs erwähnt, dass Sie viele Beispiele von erfolgreichen Umsetzungen nennen können. Könnten Sie uns eines verraten?

Ich könnte zu jedem Feld viele Beispiele erzählen, möchte nun aber gerne das Thema Spinnenwebanalyse an einem Beispiel erläutern.

Es geht beispielsweise um folgenden Situation: Zwei Schüler haben dauernd miteinander Streit, man merkt aber, dass es noch mehr Kinder hat, die damit zu tun haben. Dann ist diese Spinnenwebanalyse angebracht, weil man die ganze Klasse miteinbezieht. Es geht darum, mit der ganzen Klasse zu untersuchen, wer wirklich am Streit zwischen diesen beiden Kindern beteiligt ist. Man fragt dann zum Beispiel, ob es Kinder gibt, die jeweils zuschauen, oder ob es auch Freunde dieser streitenden Kinder gibt, die manchmal über den Streit reden oder Unterstützung geben. So eruieren wir alle Beteiligten. Dazu gehören auch die Kinder, die sagen, dass es sie nichts angeht. Ich nehme also das ganze System und alle merken, dass sie betroffen sind.

Die nächste Runde ist dann im mediativen Bereich angesiedelt, das heisst ich schaue genau, wer was tut. Manchmal steht da Aussage gegen Aussage. Hier ist ein konstruktivistisches Verständnis sehr wichtig. In solchen Situationen sehen die Beteiligten und Unbeteiligten nämlich nicht dasselbe. Alle gehen unterschiedlich mit diesen Situationen um. Das erkennt man zum Beispiel daran, dass der eine sagt, er sei angegriffen worden und der andere meint, er habe sich nur gewehrt. Es geht in dieser Runde nicht darum, die Wahrheit zu finden, sondern zu erkennen, was ist.

Der nächste Schritt ist eine Gefühlsrunde, bei der ich auch frage, was sich die einzelnen Parteien wünschen würden. Wenn die Wünsche dann offengelegt sind, weiss die Klasse meistens, was zu tun ist um mit diesem Konflikt gemeinsam gut umzugehen. Es geht dann nicht nur darum, dass die zwei Streitenden aufhören sollen mit dem

Streiten, sondern die anderen bekommen Verantwortung manchmal einzugreifen und etwas zu machen. Was ich mehrfach in Klassen erlebt habe, ist ein Aha-Erlebnis: Wir können etwas tun, wenn es Probleme untereinander gibt. Die Situation hat sich danach oft sehr stark beruhigt.

Verstehe ich das richtig, dass man bei diesem Verfahren also quasi alles aufdeckt und Bewertungen vermeidet?

Ja. Es ist nicht nur das «Er hat es so gemeint», sondern auch das «Er hat es so erlebt und so gesehen». Jede Situation ist ja im Erleben des Kindes unterschiedlich und das zu verstehen ist ganz wesentlich. Ich habe mit den Kindern oft darüber geredet, ob wir tatsächlich dasselbe sehen oder erleben. Gerade in der heutigen Zeit, wo so viele unterschiedliche Meinungen und Ansichten, Kulturen und Hintergründe sichtbar werden, finde ich es enorm wichtig, dies auch anzuerkennen. Es geht darum, andere Sichtweisen und andere Zugänge zu erkennen, sie ernst zu nehmen. Schlussendlich sollte es darum gehen, gemeinsam Lösungen zu finden, die für alle passend sind. Die sogenannte Allparteilichkeit ist ein Aspekt aus der Mediation, den man dann für den Unterricht und den Schulalltag nutzen kann. Das fällt manchen Lehrpersonen sehr schwer.

Ja, es ist tatsächlich nicht einfach. Die Lehrperson muss sich ja auch noch um den Lernstoff kümmern und es braucht viele Kompetenzen, um den Überblick zu haben. Aber ich denke, auch wenn es eine schwierige Aufgabe ist, kann man da reinwachsen.

Wenn man diese Dinge nun ein bisschen besser kennenlernen möchte, kann man Ihr Buch lesen und dann mit dem Umsetzen einfach beginnen?

Das ist eine schwierige Geschichte. Für mich ist eine gewisse Grundhaltung entscheidend, und die kann man mit keinem Buch vermitteln. Ich kann zwar Bücher über systemisches Denken oder über konstruktivistisches Denken empfehlen. Aber letztendlich ist es ein Paket, das man sich in der Auseinandersetzung damit, erarbeiten muss. Viele Lehrpersonen bringen etwas von allem bereits mit. Aber ich denke, dass diese Haltungssache wesentlich ist und die kann ich in einem Buch nicht gut aufzeigen.

Die reinen Werkzeuge kann man jedoch in meinem Buch tatsächlich nachlesen. Ich werde demnächst auch eine Überarbeitung machen und noch Einiges ergänzen. Es gibt andere Bücher zum Thema Klassenrat. Diese sind aus meiner Sicht auch gut. Sie sind einfach ein bisschen anders orientiert, sie sind weniger breit und umfassend. Aber da hat es auch ganz viele gute Ideen drin.

In meinem Buch sind gewisse Konzepte vorgestellt. Im Normalfall kann damit ganz viele Probleme lösen. Es gibt aber Situationen, welche die Lehrpersonen überfordern, weil sie zu komplex sind. Da ist auch der Klassenrat kein geeignetes Instrument um zu Lösungen zu kommen.

Ich bin der Meinung, dass es dazu noch ein vertieftes Verständnis über die Konzepte braucht, zum Beispiel mit der lösungsorientierten Arbeit. In seinem Buch «Ich schaff's» (Carl-Auer Verlag) beschreibt Ben Furmann eine Form der Lösungsorientierung. «Ich schaff's» ist eine einfach zu erlernende Methode, die man im Klassenrat nutzen kann. Es geht dabei darum, dass Kinder Fähigkeiten entwickeln.

Ich kann ein schönes Beispiel erzählen. Als ich Schulleiter war, hat «meine» 1.Klasslehrerin allen Kindern die Möglichkeit gegeben an einer Fähigkeit zu arbeiten. Es gab einen Jungen, der einfach stumm sitzen blieb, wenn er nicht weiterkam. Die Lehrerin hat vorgeschlagen, er könne doch die Fähigkeit des Fragens erlernen. Sie hat dann mit dem von Ben Furmann vorgeschlagenen System gearbeitet und der Junge konnte trainieren, wie man fragt. Das hat bei diesem Jungen nicht länger als zwei Wochen gedauert, bis er das schaffte. Wichtig war es, diese Initiative zu ermöglichen. Der Junge sollte merken, dass er den anderen durchaus selber Fragen stellen konnte. Er erhielt er schlussendlich ein Diplom für das Erlernte. Zudem war er nun auch Fachmann für den Fall, dass jemand anders dieselbe Fähigkeit auch lernen wollte. Mit der Methode lernen die Kinder, dass sie das, was sie noch nicht können durchaus lernen können und damit Fähigkeiten aufbauen. Im Buch von Ben Furmann hat es viele Beispiele, und ich bin überzeugt, dass dieser Ansatz für viele Lehrpersonen ein ganz geniales Ding ist und wunderbar im Klassenrat zu nutzen ist.

Eine zweite Form im Umgang mit komplexen Situationen ist aus meiner Sicht, das Beiziehen eines bestimmten systemisch-lösungsorientierten Ansatzes. Diesen empfehle ich vor allem, wenn man mit einem Kind einfach nicht mehr weiterkommt und wenn das Arbeiten mit alten Mustern nichts nützt. Da gibt es ein spannendes Buch von Alex Molnar und Barbara Lindquist mit dem Titel «Verhaltensprobleme in der Schule». Darin geht es darum, dass Situationen umgedeutet werden. Meistens beschreibt man eine Problem-Situation ja mit negativen Zuschreibungen, man beschreibt die Störungen und das Nicht-Können. Im Reframing-Ansatz versucht man herauszufinden, was die Kinder für gute Gründe für ihr Verhalten haben. Wenn man diese guten Gründe entdeckt hat, kann man sich selber häufig anders verhalten und das Verhalten des Kindes ändert sich auch. Ich habe da kleine Wunder erlebt. Dieses Umdeuten ist ein extrem starkes Werkzeug für die Lehrperson, aber da braucht es Kollegen und Kolleginnen, die mittun.

Zusammenfassend zum Thema Klassenrat möchte ich sagen, dass ich mit einem systemischen Blick anders mit dem Klassenrat umgehe, als wenn ich einfach die klassische Haltung «Probleme muss man lösen» habe. In den allermeisten Fällen kommt man aber zum Glück mit einfachen Schritten und Werkzeugen auf gute Lösungen.

Danksagung

Ich möchte allen Gesprächspartnerinnen und -partnern für ihre Bereitschaft und Offenheit, an meinem Projekt teilzunehmen danken. Was ich von Ihnen/Euch erfahren durfte, hat mich sehr bereichert!

Herzlichen Dank an Pascal Eschbach, der mir beim Transkribieren einiger Interviews geholfen hat.

Nicht vergessen möchte ich all jene, die an mein Projekt geglaubt haben und mich moralisch unterstützt haben.

Der grösste Dank geht an meinen Sohn Joel. Seine Schulkarriere verlief, im Gegensatz zu meiner, nicht ohne Probleme. Dies hat aber dazu beigetragen, dass ich meine Sichtweise öffnen konnte.